企业税收风险诊断操作指引

黄玲 王凤英 著

中国铁道出版社有限公司
CHINA RAILWAY PUBLISHING HOUSE CO., LTD.

北京

图书在版编目(CIP)数据

企业税收风险诊断操作指引 / 黄玲, 王凤英著.
北京 : 中国铁道出版社有限公司, 2025. 4. -- ISBN 978-7-113-32103-1

Ⅰ. F810.423

中国国家版本馆 CIP 数据核字第 2025YX1682 号

书　名：	企业税收风险诊断操作指引
	QIYE SHUISHOU FENGXIAN ZHENDUAN CAOZUO ZHIYIN
作　者：	黄　玲　王凤英

责任编辑：	王淑艳	编辑部电话：(010)51873022		电子邮箱：554890432@qq.com	
封面设计：	仙　境				
责任校对：	苗　丹				
责任印制：	赵星辰				

出版发行：中国铁道出版社有限公司 (100054, 北京市西城区右安门西街 8 号)
网　　址：https://www.tdpress.com
印　　刷：河北宝昌佳彩印刷有限公司
版　　次：2025 年 4 月第 1 版　2025 年 4 月第 1 次印刷
开　　本：710 mm×1 000 mm 1/16　印张：12.25　字数：203 千
书　　号：ISBN 978-7-113-32103-1
定　　价：88.00 元

版权所有　侵权必究

凡购买铁道版图书, 如有印制质量问题, 请与本社读者服务部联系调换。电话：(010) 51873174
打击盗版举报电话：(010) 63549461

前言

经营合规、财务合规、税收合规是所有企业管理者的共同目标,尤其是税收合规,企业管理者希望通过税收合规降低税收风险,规范企业行为;同时,通过税收筹划使企业应享尽享税收优惠政策,合理合法降低税收负担。

企业管理者的夙愿是美好的,但由于缺乏财税专业知识,往往难以准确清晰地表达自己的需求,也不知道该从何处着手。税收合规与税收筹划的前提都是需要先了解企业面临的税收问题,根据发现的问题,才能有针对性、系统性地对企业流程进行规划设计。这个发现税收问题的过程,我们称之为税收诊断。

而本书的意义在于明确税收诊断的作用和价值,同时介绍税收诊断的方法与流程、如何组建税收诊断小组等,并通过大量的实战案例将读者带入税收诊断的过程中,一步步发现隐藏的税收风险。

税收诊断工作既可以由企业自己的人员完成,也可以委托专业的中介机构辅助完成。无论采用哪种形式,诊断小组的成员都需要具备专业的财务和税收知识,有勇气提出问题,且具备判断税收风险的丰富经验,这样才能为未来的税收合规和税收筹划打下基础。

本书每个案例都以现实中的情景为依托,讲解诊断小组如何发现疑点、索取证据、引用政策、说服沟通,帮助纳税人发现问题,判断风险。希望读者通过这本书,学习和了解税收诊断方法,并作为税收诊断的参考。

本书特色

1. 全面系统、实战性强

本书通过四篇十六章，从不同的维度介绍税收诊断的基本知识、税收诊断的方法和思路，将税收诊断的原理、实操均进行详细阐述。特别是第二篇从业务层面看税收诊断，不但突破就税论税的理论派做法，而且让非专业人士也能理解并运用。

笔者将理论知识与自身多年的实践经验相结合，列举了大量的案例，并对所有的案例进行了详细的描述，包括数据测算、收集证据、沟通对话、政策应用等，使读者在实际工作中能够学以致用。

2. 清晰易懂、案例丰富

本书整体结构清晰，能够让读者迅速看得懂、学得会、用得上。不同维度的诊断思路，既可以快速发现企业纳税疑点，又可以深入了解取得涉税证据的方法。

笔者根据企业特点快速发现企业疑点，并详细说明诊断小组收集证据的过程，以及如何通过沟通等技巧，最终判断税收问题，让读者能以身临其境的方式进入角色，更深层次地理解税收诊断的方法，并将其迅速转化为工作技巧。

读者对象

本书主要面向纳税人、企业负责人、企业财会人员与对企业税务工作感兴趣的读者。

致　　谢

本书是在张增强老师、任康磊老师的鼓励下，在王文、矫荣华、李全珍、王尊、许丽娟、吴秀娟、孙百庆、王文、蔡丽媛等税务师、会计师及律师的支持帮助下编撰完成的。在此，一并表示感谢。

黄　玲　王凤英

目　录

第一篇　税收诊断基础

第一章　如何开展税收诊断 / 002

第一节　税收合规：税收诊断有助于企业更好地实现合规经营 / 002

税收诊断：企业为何要开展税收诊断 / 002

税收筹划：合法合规地节约成本 / 004

税收优惠：放弃享受优惠也有税收风险吗 / 005

第二节　赢在筹备：税收诊断开始前的准备工作 / 006

税收诊断的程序工作 / 006

诊断小组成员构成 / 009

如何选择专业团队辅助诊断 / 010

如何制订税收诊断工作计划 / 011

如何开展问卷调查 / 011

第三节　重在执行：税收诊断执行阶段 / 013

税收诊断需要收集哪些资料 / 013

税收诊断可以采用哪些技术手段 / 014

诊断报告的内容及报告样本 / 016

整改后如何保持合规状态 / 018

第二章　财务报表诊断方法 / 020

第一节　通过财务报表项目进行税收诊断 / 020

通过资产负债表展开税收诊断 / 020

通过利润表展开税收诊断 / 021

通过经营报表和纳税申报表展开税收诊断 / 022

第二节　利用财务指标进行税收诊断案例 / 023

案例分析：利润率异常引出企业虚列成本 / 024

案例分析：通过趋势分析发现企业的隐匿收入 / 025

案例分析：管理费用占收入比例异常存在重大涉税风险 / 027

第二篇 从业务层面看税收诊断

第三章 如何对商业模式进行税收诊断 / 030

第一节 税率差对商业模式影响的诊断 / 030

税收诊断方法与思路 / 030

案例分析：未分清核算导致多交数十万元增值税 / 032

案例分析：未利用优惠政策形成的税率差导致企业税负大幅度上升 / 033

第二节 计税方式对商业模式影响的诊断 / 033

税收诊断方法与思路 / 034

案例分析：分公司申请独立纳税申报主体可选择增值税小规模纳税人身份 / 034

案例分析：一般纳税人选错计税方法多交近一倍款 / 035

第三节 销售政策的税收诊断 / 036

销售政策的形式与税收诊断方法 / 036

案例分析："进店有礼"的礼品应该如何计算增值税 / 037

案例分析：折扣销售操作细节失误导致的税收风险 / 037

第四章 销售业务中的税收诊断 / 039

第一节 销售合同的税收诊断 / 039

税收诊断方法与思路 / 039

案例分析：合同中写错两个字可能引发大纠纷 / 040

案例分析：税率政策性变动带来的合同涉税风险 / 041

第二节 销售收入时点的税收诊断 / 042

税收诊断方法与思路 / 042

案例分析：未真正销售但也发生漏缴税的问题 / 043

案例分析：通过核对仓库账簿发现了延迟纳税的证据 / 044

第三节 销售收入不完整的税收诊断 / 044

账外收入的税收诊断方法 / 045

案例分析：废料残次品隐藏的税收风险 / 046

案例分析：往来款里的小秘密引发税收风险 / 047

案例分析：现金管理中的大秘密 / 047

案例分析：银行流水引出账外案 / 048

第五章　采购业务中的税收诊断 / 049

第一节　采购合同的税收诊断 / 049

税收诊断方法与思路 / 049

案例分析：采购方承担税款的合同隐患 / 050

案例分析：没有发票交付的合同条款后果很严重 / 051

第二节　采购成本真实性的税收诊断 / 052

税收诊断方法与思路 / 052

案例分析：异地购买服务牵出虚假业务 / 054

案例分析：现金交易引出虚开发票的真实交易 / 055

第三节　成本相关性与合法性的税收诊断 / 055

税收诊断方法与思路 / 056

案例分析：解释不了用途的购进柴油是真实业务吗 / 056

案例分析：顶账货物如何开具发票困扰财务人员 / 057

案例分析：核查长期挂账的应付账款发现虚开发票线索 / 058

第六章　人力成本管理中的税收诊断 / 060

第一节　老板薪酬的税收诊断 / 060

税收诊断方法与思路 / 060

案例分析：不给老板发工资的利害关系 / 061

案例分析：老板长期欠款引发税收风险 / 062

第二节　人工成本与薪酬的税收诊断 / 063

税收诊断方法与思路 / 063

案例分析：高薪岗位无高薪隐藏的税收秘密 / 066

案例分析：通过人均效益异常变化趋势发现虚增人工成本 / 066

第三节　社会保险金的税收诊断 / 067

税收诊断方法与思路 / 067

案例分析：试用期员工未缴纳社会保险金的隐患 / 068

案例分析：职工主动放弃缴纳社会保险金企业是否免责 / 069

第七章　资产管理中的税收诊断 / 071

第一节　资产收购的税收诊断 / 071

税收诊断方法与思路 / 071

案例分析：字画瓷器折旧是否税前列支引争议 / 073

III

案例分析：不动产产权证与企业名称不符的后果 / 074

第二节　资产处置的税收诊断 / 074

税收诊断方法与思路 / 075

案例分析：三个字造成三百万元的税款损失 / 076

案例分析：企业分立出去的资产为何不能免税 / 077

第三节　资产租赁的税收诊断 / 078

税收诊断方法与思路 / 078

案例分析：租出闲置房产引发的税收风险 / 080

案例分析：出租房产引发售卖水电的税收争议 / 081

第八章　股权架构中的税收诊断 / 082

第一节　自然人持股的税收诊断 / 082

增减资的税收诊断方法与思路 / 082

股息、红利的税收诊断方法与思路 / 084

股权转让的税收诊断方法与思路 / 084

案例分析：增加出资引发的纳税成本增加 / 085

案例分析：股权借款不归还也要补缴税款 / 086

案例分析：股权转让引发的税收纠纷 / 087

第二节　同一控制人投资的多家公司股权架构的税收诊断 / 088

税收诊断方法与思路 / 088

案例分析：未搭建持股平台造成的税款损失 / 089

案例分析：混同加大了关联交易的税收风险 / 090

第三节　对外投资的税收诊断 / 091

税收诊断方法与思路 / 091

案例分析：减资不能只冲成本，也需要补税 / 093

案例分析：投资损失是否可以税前列支有争议 / 094

第三篇　从不同税种层面看税收诊断

第九章　税收风险诊断——增值税 / 096

第一节　增值税销项税额风险诊断 / 096

应计提销项税额的收款行为诊断方法与思路 / 097

视同销售的税收诊断方法与思路 / 097

  价外费用的税收诊断方法与思路 / 098

  案例分析：过节福利引发的增值税风险 / 099

  案例分析：逾期押金纳税风险产生争议 / 100

  案例分析：收取赔偿违约金是否计算增值税惹争议 / 100

  案例分析：名为补贴收入实为销售收入 / 101

 第二节 增值税进项税额风险诊断 / 102

  不得抵扣进项税额的税收诊断方法与思路 / 102

  增值税专用发票填写的风险 / 104

  案例分析：同样是过节福利，计税方式却不相同 / 105

  案例分析：应抵未抵进项税额导致税收成本增加 / 106

  案例分析：涉及财产损失的进项税额，未必都做转出处理 / 107

 第三节 增值税税收优惠诊断 / 107

  税收优惠诊断方法与思路 / 108

  案例分析：应享未享抵扣额加计政策损失数十万元 / 109

  案例分析：企业间的无息借款到底该不该交增值税 / 110

第十章 税收风险诊断——企业所得税 / 111

 第一节 收入的风险诊断 / 111

  税收诊断方法与思路 / 112

  案例分析：这样一笔应付账款是确认收入还是冲减成本 / 113

  案例分析：收到减免的增值税为何要交企业所得税 / 114

 第二节 扣除项目的税收诊断 / 115

  税收诊断方法与思路 / 115

  案例分析：改变成本结转方式意在调节当期税款 / 116

  案例分析：财产损失是否扣除取决于什么 / 116

 第三节 纳税调整及弥补亏损的税收诊断 / 117

  税收诊断方法与思路 / 117

  案例分析：可以列支但不能税前扣除的项目 / 119

  案例分析：多缴税的线索来自未能弥补的亏损 / 120

 第四节 企业所得税优惠政策的税收诊断 / 121

  税收诊断方法与思路 / 121

  案例分析：收到补贴款可以不征税，对应支出可以税前列支吗 / 123

  案例分析：不是所有研发费用都可以加计扣除 / 124

第十一章 税收风险诊断——土地增值税 / 126

第一节 自建房销售的土地增值税风险诊断 / 126

收入确认的风险诊断方法与思路 / 126

扣除项目的风险诊断方法与思路 / 128

开发成本的风险诊断方法与思路 / 129

案例分析：视同销售收入也包括低价分配福利用房的款项 / 130

案例分析：千万元的土地成本竟然没有税前扣除 / 131

案例分析：利息如何扣除是允许进行选择的 / 132

案例分析：成本分配方法的选择决定百万元税款的减免 / 132

第二节 旧房销售的土地增值税风险诊断 / 133

税收诊断方法与思路 / 134

案例分析：不动产到底征不征收土地增值税 / 134

案例分析：处置旧房的扣除项目与自建房完全不同 / 135

第十二章 税收风险诊断——房产税和城镇土地使用税 / 136

第一节 房产税的税收诊断 / 136

房产税风险诊断方法与思路 / 136

房产税优惠诊断方法与思路 / 138

案例分析：房产原值错误引发税收风险 / 139

案例分析：现场观察发现多缴税金 / 140

案例分析：优惠政策应享未享多缴税款 / 140

案例分析：滥用优惠政策造成的漏缴税款 / 141

第二节 城镇土地使用税的税收诊断 / 141

城镇土地使用税风险诊断方法与思路 / 142

城镇土地使用税优惠诊断方法与思路 / 143

案例分析：出租人不纳税的合同约定风险 / 144

案例分析：纳税时点理解偏差造成税收风险 / 145

案例分析：现场盘查发现优惠政策理解错误导致税收风险 / 145

案例分析：未享受优惠政策导致多缴税 / 146

第十三章 税收风险诊断——其他税种 / 147

第一节 个人所得税诊断 / 147

个人所得税诊断方法与思路 / 147

案例分析：购买商业保险是否代扣个人所得税的争议 / 149

案例分析：一次性补偿费的个人所得税争议风波 / 150

第二节　印花税的税收诊断 / 150

印花税诊断方法与思路 / 151

案例分析：不是所有的借贷合同都要计算印花税 / 153

案例分析：资金印花税如何漏缴与多缴 / 153

第三节　城市维护建设税诊断 / 154

税收诊断方法与思路 / 154

案例分析：财务人员的政策理解出偏差导致税收风险 / 156

第四节　契税的税收诊断 / 156

契税诊断方法与思路 / 156

案例分析：市政建设配套费未缴契税是高发风险 / 157

第四篇　从重点行业看税收诊断

第十四章　制造行业案例分析 / 160

第一节　重工业税收风险诊断综合案例 / 160

煤矿企业税收诊断 / 160

化工企业税收诊断 / 161

热电企业税收诊断 / 162

第二节　非农轻工业税收风险诊断综合案例 / 162

医药制造业税收诊断 / 163

软件业税收诊断 / 163

造船业税收诊断 / 164

第三节　农副食品加工业与林木种植业税收风险诊断综合案例 / 165

农副食品加工行业税收诊断 / 165

养殖与加工行业税收诊断 / 166

林木种植行业税收诊断 / 167

第十五章　商品流通、服务和流通流转行业案例分析 / 168

第一节　商品流通行业税收风险诊断综合案例 / 168

商品批发零售企业税收诊断 / 168

外贸进出口企业税收诊断 / 169

废旧物资收购企业税收诊断 / 170

第二节　服务行业税收风险诊断综合案例 / 171

　　人力资源企业的税收诊断 / 171

　　房产经纪企业的税收诊断 / 172

　　租赁企业税收诊断 / 173

第三节　流通流转行业税收风险诊断综合案例 / 174

　　货物运输企业税收诊断 / 174

　　物流园企业税收诊断 / 174

　　物业企业税收诊断 / 175

第十六章　房地产与建筑装修行业案例分析 / 177

第一节　房地产行业税收诊断综合案例 / 177

　　房产完工时点税收诊断 / 177

　　精装房项目税收诊断 / 178

　　房产销售的税收诊断 / 179

第二节　建筑装修行业税收诊断综合案例 / 180

　　混凝土企业的税收诊断 / 180

　　建筑安装企业的税收诊断 / 181

　　装修装饰企业的税收诊断 / 182

第一篇 税收诊断基础

在税务部门利用大数据来管理税收的当下,企业只有提高税收风险意识,学好用好税收政策的同时,通过税收诊断发现问题,建立税收合规制度,加强税收合规管理才能真正降低税收风险。

第一章　如何开展税收诊断

提高企业的税收遵从度，是公平社会秩序、保障企业良性发展的必要过程。由于税收相关法律法规和文件不断推陈出新，税收征管手段不断完善，企业若要掌握全部的税收政策，是比较困难的。邀请专业人员定期开展税收诊断则可以帮助企业熟悉税法，纠正违规违法行为。

第一节　税收合规：税收诊断有助于企业更好地实现合规经营

税收风险就是企业未能遵守税收规定，使企业可能产生税收罚款、滞纳金，以及没有利用好税收的优惠政策而损失本应有的经济利益。由于"税收"是国家机器得以正常运转的必要资金来源，税收风险一旦爆发，不但会在经济上遭受重大损失，影响公司开展经营活动，严重的还会导致责任人承担刑事责任。

税收合规就是将原有存在的税收问题逐一排查解决，对导致税收风险的原因进行流程和规则的理顺，对人员知识结构不断地更新，确保企业在持续经营过程中不会产生新的税收风险。所以税收诊断是税务合规的第一步，更是企业合规的必要工作之一。

税收诊断：企业为何要开展税收诊断

税收诊断是通过诊断人员对已经发生的业务，通过查询、沟通、取证、盘查等手段，对账簿、会计凭证、财务报表等各类财务和业务信息进行整理加工，识别税收风险的过程。税收诊断分为税收风险诊断和税收优惠诊断。

税收风险诊断主要是诊断人员通过现场勘察、取证查账等技术手段发现企业少缴税款的行为，无论是主观故意或客观差错，均需要企业补缴税费和滞纳金，如果是被他人举报或被税务局查证，还有可能面临处罚和承担刑事责任的风险，严重的会影响到企业的发展和个人的职业生涯。

税收优惠诊断是诊断人员根据国家颁布税收优惠政策，查实企业是否存在应享未享优惠，浪费合法降低税收成本机会的情况。

税收风险诊断并不排除人工经验。风险识别中所运用的原理、方法和指标参数都需要人工参与。

税收诊断涉及税收征管的内容庞杂，既可从区域、税种、行业产业，以及变动趋势等维度进行宏观方面的识别，也可以从企业的收入、抵免及发票使用等维度进行微观方面的识别。而宏观识别耗费时间、人力、物力较少，可以较快、较及时地发现风险，为微观识别提供线索；微观风险识别需要收集、处理大量的细节数据、指标及较复杂的参数设置，一般比较耗费时间、人力、物力。所以宏观识别与微观识别应有机结合、灵活运用、互相验证、共同改进。

由于税收相关的政策法规不断更新，经济业务也越来越复杂，纳税人常常出现自己也无法作出是否违反了税法的判断。定期开展税收诊断，是帮助纳税人化解税收风险的重要手段。

哪些企业需要定期开展税收风险诊断呢？

（1）个别中小型企业追求较高的利润，对降低税收成本的期望较大，可能会采取不加节制的降税手段，从而对税收产生有较大的不确定性。

（2）形成一定规模，但财务核算管理仍然较为薄弱的企业。随着企业规模的扩大，出现了更为复杂的业务，如出口退税业务涉及免、抵、退税，不动产产权变更业务涉及的税种多和计算复杂等，企业的财务管理能力弱，财务人员的业务水平不高也会导致税收风险的增加。

（3）曾受过税务机关处罚的企业。对于多次受到行政处罚的企业，一旦再次出现偷逃税款的情况，纳税责任人被刑事处罚的可能性就会大大增加。这类企业应更加重视税收诊断，及早找出财税漏洞，防患于未然。

（4）资产规模和收入规模较大，组织结构复杂，关联方多且关联交易较多、经营活动复杂、涉及的税种及税收政策复杂的企业。这类企业一旦出现问题，会引发其他关联方的税收风险。

税收筹划：合法合规地节约成本

随着经济的发展，税收的重要性不言而喻。税收筹划也成为一个热议的话题。税收筹划的合法性一直是有争议的：有人认为依法纳税是纳税人的义务，"税收筹划"的主观思想就是钻政策空子，所以"税收筹划"本身就是不合法的；更有人打着税收筹划的旗号，实则就是利用税收管理的漏洞，行偷税之实。

税收筹划真正的含义是纳税人在合法合规的前提下，充分利用税收政策对企业的经营行为进行分析和规划，在一定程度降低纳税成本，减少涉税风险。例如，国家为鼓励企业对某行业的支持，会发布对该行业的税收优惠政策。企业受此政策引导，将产业转向鼓励行业，从而享受税收优惠，使税收成本得以降低，这就是税收筹划的作用。

如果企业属于享受税收优惠政策的行业，但由于未掌握该项税收优惠政策，导致企业应享未享从而多缴纳税款。如果通过税收诊断发现该问题，并按税收优惠政策的规定申请退税，那么企业就会因税收诊断，合法降低了企业的税收成本。

如果企业虽然属于优惠政策涉及的行业，但又没完全符合法条的相关规定，却通过调整账目、会计凭证、修改合同等手段对已经发生的事实进行修改，那这种所谓的"税收筹划"则属于骗取税收优惠，不是真正意义上的税收筹划，涉嫌违法。

所以税收筹划的前提是合法，需要在业务发生之前进行相关的规划。企业用违法的方式进行事后"筹划"，不仅起不到"筹划"的效果，反而还会让企业走上违法犯罪的道路。税收筹划的合法性主要体现在以下几个方面：

1. 事前规划、事后总结，切实履行纳税义务

纳税人应在业务发生之前充分研究和学习税法的相关规定，也可以邀请专业人士共同评估和规划业务的可行性，包括对税收成本的预测。事后对收集的证据进行审核，做好证据的登记和管理工作，遵守相关法律和规定，确保税务申报的合法性和准确性。

2. 正确运用税收优惠政策

国家对特殊行业、特定行为、特定地区、特写时期都会通过一系列的税收政策来促进、刺激经济，对纳税人提供税收优惠政策。纳税人可以根据自己业务的性质和专业分析及投资方向，利用相关税收优惠政策来规范自己的行为，降低企业的税收成本。

3. 遵循社会公德

遵循商业道德、社会责任，以善意、合法为前提开展税收筹划，才能帮助纳税人规避不必要的税务风险，并实现降低税负的目的。

税收优惠：放弃享受优惠也有税收风险吗

放弃享受税收优惠政策的情况主要有以下三种。

第一种，纳税人不了解税收优惠政策，导致应享未享。

如果纳税人没有专职的财务人员，且兼职人员没有积极告知相关政策，导致纳税人未能及时享受到优惠政策，在税务系统提示后立刻申请享受的，这种情况就属于正常现象。但在纳税人符合条件但没有享受优惠政策的情况下，则属于加大了纳税人的纳税成本，减少了利润，这也属于一种因税收导致的损失风险。

第二种，纳税人不敢享受优惠政策。

个别纳税人担心享受了优惠政策会导致税务机关的复核，引发其他的税务风险。纳税人对自己的税务合规明显是不自信的，甚至可能主动参与了不合法的税收规避操作。

这类纳税人被税务机关提示未享受优惠政策的情况下，也往往采取消极的态度。企业是以盈利为目的，主动放弃享受优惠政策则更容易引发税务机关的怀疑。

第三种，纳税人因为审批手续复杂，主动放弃享受税收优惠政策。

大多数税收优惠政策不需要审批。但还是有一些税收优惠政策的享受需要满足审批程序。

对于程序复杂，但优惠的金额较小的情形，纳税人放弃享受优惠政策应该还是正常现象。或者手续资料丢失难以补齐而放弃享受的，都属于正常现象。但如果优惠的金额较高，企业仅仅因为手续复杂放弃的，也会引起税务机关的怀疑。

例如，某企业的财务人员收到税务局发来的短信：经排查，你单位××

有限公司在 2021 年度有残疾人备案信息，但在 2021 年度未享受企业所得税税前残疾人工资加计扣除优惠政策，请在 2023 年 4 月 27 日报送不享受优惠的自查说明至×××税务局管理××科。并请对照《财政部 国家税务总局关于安置残疾人员就业有关企业所得税优惠政策问题的通知》（财税〔2009〕70号）文件的四项优惠条件进行自查，尤其注意与安排残疾人就业备案的条件不能自相矛盾。

面对这种情况，纳税人就需要及时作出排查。如果属于第一种情况，是企业自身的错报、漏报，那么及时纠错即可。但如果属于第二种，那么企业就有可能引起税务机关的关注，而引发其他的税收风险。如果属于第三种，那就要注意了，这类税收优惠政策的执行并不需要审批，所以还是属于第一种，对政策掌握偏差造成的预警。

达到条件而放弃对税收优惠政策的享受，也会导致企业面临税收风险。但这也并不是意味着税收优惠就必须要享受，如果企业确实认为税收优惠并不"优惠"，也可以选择放弃税收优惠。

第二节　赢在筹备：税收诊断开始前的准备工作

税收诊断工作开展前，首先要确定诊断目标和审计范围，选配合适的人员，做好工作计划、人员分工和时间安排。完善的诊断流程和充足的准备工作能够提高诊断的工作效率，快速抓住审核重点，以最低的人工和时间成本识别税收风险。

税收诊断的程序工作

税收诊断开展的基本流程如图 1-1 所示。

1. 前期准备阶段

税收诊断的前期准备工作非常重要，后期工作是否能顺利推进，也取决于前期工作是否到位。前期准备工作包括管理层任务委派、组建小组明确分工，制订计划明确目标，详见表 1-1。

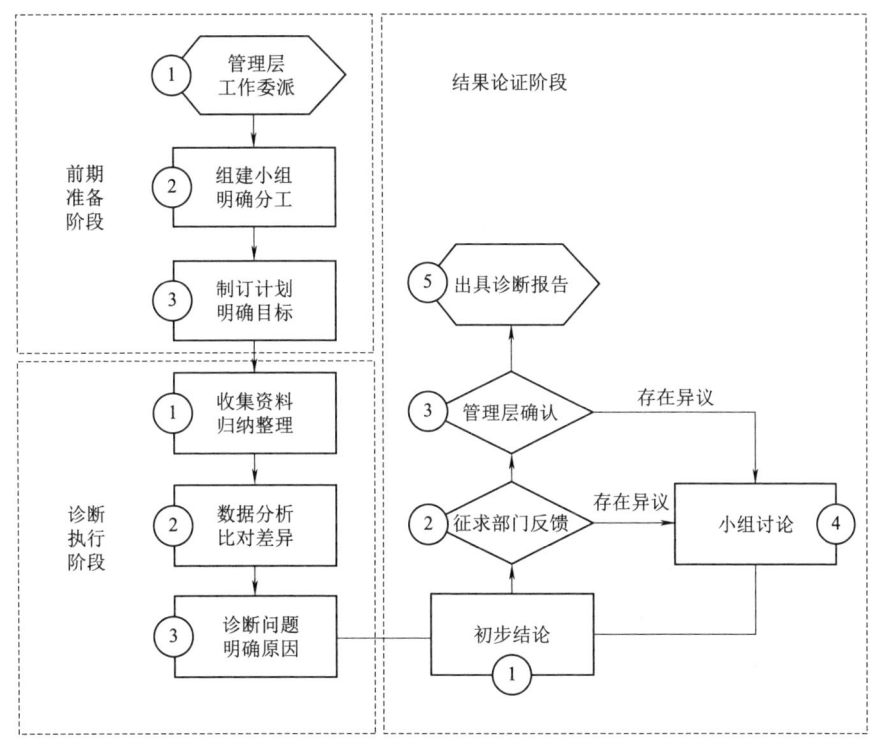

图 1-1 税收诊断流程图

表 1-1 税收诊断前期准备工作程序表

序号	工作程序	具体内容
1	管理层任务委派	当管理层判断发生税务风险的概率增加时,或距离上一次税收诊断已经间隔了两年以上,管理层就需要将税收诊断工作纳入当年的工作计划中。有些企业也可以在开展内部审计工作的同时开展税收诊断工作。 由于税收诊断并非经常性业务,所以开展税收诊断会影响到部分员工的日常工作。管理层在任务委派时,应同时协调好各部门人员配合税收诊断小组的工作
2	组建小组明确分工	开展税收诊断,应成立专门的税收诊断小组,明确小组成员之间的分工,以提高税收诊断工作的效率
3	制订计划明确目标	根据税收诊断范围制订工作计划,明确诊断目标、诊断重点、时间安排等

2. 诊断执行阶段

在完成诊断的前期准备工作后,就进入税收诊断的执行阶段。税收诊断的执行阶段包括收集资料归纳整理、数据分析比对差异、诊断问题明确原因,详见表 1-2。

表 1-2　税收诊断执行阶段程序表

序号	工作程序	具体内容
1	收集资料 归纳整理	税收诊断小组通过各类媒体、信息平台收集与企业经营相关的资料，通过企业内部各个部门收集与税收业务相关的合同、账簿、台账等相关资料，并进行归纳整理
2	数据分析 比对差异	税收诊断小组对采集的各类信息和数据进行税收的合规性分析，通过比率分析法、趋势分析法、结构分析法发现疑点，再通过合同、账簿、报表、发票等各类数据的比对确定差异金额
3	诊断问题 明确原因	税收诊断小组对于分析和比对发现的疑点与差异进一步诊断产生的原因，与税收政策和以往的稽查案例逐一核对，评估企业存在的税收风险，以及可能会给企业带来的损失金额

3. 结果论证阶段

诊断执行阶段完成后，得到初步诊断结果，还需要进一步与相关部门沟通确定诊断结论的准确性。在诊断无误的情况下，由管理层判断诊断结果的影响程度，综合考虑企业应对方案并进入整改阶段。这期间的主要包括以下几项工作，详见表 1-3。

表 1-3　税收诊断结果论证阶段程序表

序号	工作程序	具体内容
1	初步结论	通过诊断执行阶段发现的问题，将证据、结果及依据的税收政策一一对应，形成初步的税收诊断结果
2	征求部门反馈	将税收诊断初步结论与各部门沟通，明确产生问题原因的准确性，并判断其影响程度。如果存在诊断结论有误的情况，还需要反馈诊断小组补充审查
3	管理层确认	管理层对税收诊断小组提交的税收诊断意见进行审核和确认。如果存在诊断结论有误的情况，还需要反馈诊断小组补充审查
4	小组讨论	针对部门和管理层反馈的信息，小组内部讨论是否需要增加诊断程序，或对诊断结论进行修改意见或者措辞，以便形成更为客观准确的税收诊断结论
5	出具诊断报告	根据最终管理层审批的意见，税收诊断小组撰写税收诊断报告，并详细阐述发现的税收风险点和诊断意见。对管理层有明确要求的，还需要在诊断报告中增加整改意见

诊断小组成员构成

税务合规是企业合规的重要组成部分,而税收诊断又是税务合规的第一步,以合规为目的的税收诊断往往由董事会提出,主导人员的级别要高。如果是日常的税收诊断,则更多是由监事会或者总经理提出。

税收诊断小组的组建应根据企业的规模、业务的复杂性来确定人数和人选。由于税收诊断的专业性强,税收诊断小组的成员不但要掌握与企业相关的所有税收政策,还要了解税务稽查的方法,了解税收稽查案例和涉税判例。

企业税收诊断的项目小组成员及分工见表1-4。

表1-4 税收诊断项目组成员及分工表

序号	职位	人员分工
1	组长	负责税收诊断工作的总调度,协调部门间的配合问题,将诊断结果上报董事会或监事会
2	副组长	负责税收诊断业务具体工作的对接,与各部门之间的协调安排,人员的工作进度安排和调整,方案、资料与信息的判断,负责汇报材料的完善、报告的撰写等
3	专家	负责对组员进行技术指导,对关键性证据进行论证,对结果的准确性给予评价等
4	组员	负责税收诊断的具体工作,现场收集资料与信息,对数据进行分析,对信息进行比对,编制税收诊断汇报稿,以及撰写报告草稿等工作。外聘的专业团队还需要完成专业意见的税收诊断报告,并详细汇报诊断结果

(1)组长。由董事会或者监事会指定的人员担任,级别越高,诊断就能够得到最大限度的保障。在监事会能够有效发挥作用的公司,由监事或执行监事担任组长,则有权对总经理级别开展审计工作。一般情况下,总经理作为组长人选最为理想。

(2)副组长。一般由财务部门负责人担任。企业有独立的审计部门或者税务部门的,可由审计部门负责人或者税务部门负责人担任。

(3)专家。由企业财税顾问担任。

(4)组员。在财务人员中抽调税务专业知识较全面、涉税业务较为丰富的助理人员担任。必要时可以外聘税务师事务所、会计师事务所等专业开展税收诊断业务的团队加入诊断小组。如果经费有限，也可以直接聘请有税收诊断经验的个人加入到诊断小组。

如何选择专业团队辅助诊断

税务诊断是一件专业性非常强的工作，由于企业的财务人员没有机会经常接触税务稽查部门和涉税案件，尤其是税收优惠政策是否应享尽享，是需要有丰富的涉税和税收策划经验的专业人员才能诊断出来，仅依靠对税务政策的熟知，是无法做好税收诊断工作的。

达到一定规模的企业在进行全面税收诊断时，往往会外聘专业的涉税服务团队加入到税收诊断小组。专业的涉税服务团队包括：税务师事务所和从事涉税专业服务的会计师事务所、律师事务所、代理记账机构、税务代理公司、财税类咨询公司等。

大多数税务师事务所的成立是在2000年之前，是各级税务局下设机构。2000年之后陆续脱钩改制。税务师事务所的优势是专注涉税业务，研究涉税政策，长期保持与税务案件的接触，从企业所得税汇算清缴业务中提炼了大量的税收诊断经验，因此在税收诊断方面的专业性更强。

在通过税务师事务所等涉税服务团队开展税收诊断时，需要注意的事项见表1-5。

表1-5 选择专业团队注意事项表

序号	注意事项	事项说明
1	保密协议	在涉税团队入驻前应先签订保密协议，保密协议的约束条款应包括团队中的每一位参与者
2	回避原则	涉税服务团队的人员与被诊断公司的人员存在亲属关系或其他利害关系的情况，需要执行回避原则
3	增加审计程序	涉税服务团队虽然精通税收诊断，但由于对企业不够了解，所以在执行税收诊断前，需要通过问卷调查、税务风险内控测试及与管理层沟通等方式，对企业进行初步后，再确定工作计划
4	越级汇报	涉税服务团队没有公司内部人员担心升职、加薪等顾虑，不需要处理企业内部的人际关系，在采取诊断的手段和措辞上不会有太多束缚。因此，为了更好发挥诊断作用，涉税服务团队可给予更多的直接向组长或更高级别权力机构汇报的权力

如何制订税收诊断工作计划

制订税收诊断工作计划是税收诊断工作顺利开展的重要保证。纳税人的规模较大，涉税业务较多，而诊断小组的成员有限、时间有限。如何在较短的时间内发现所有重大的纳税风险，就需要提前对纳税人做好调研，确定诊断重点，制订好工作计划，做好人员分工，快速收集证据。

制订税收诊断工作计划的最重要的作用之一是达成共识的约定，提高工作效率。计划制订的过程需要诊断小组全员参与，每一步骤的执行重点及原因都是在全员达成共识的情况下确定，并且经过委托人和纳税人领导层的审批，相当于工作计划中的内容形成了大家共同的约定。

有了税收诊断的工作计划，分工明确有利于诊断小组相互了解各自的工作重点，相互协作。时间计划使工作进度有了保障，有助于提醒各成员在规定的时间完成工作。税收诊断的工作计划表可以参考表1-6。

表1-6　执行税收诊断计划日常表

被诊断单位：_____
诊断时间：_____年度诊断截止日：_____年_____月_____日
查验人：<u>张三</u>　查验日期：_____年_____月_____日
复核人：<u>李四</u>　复核日期：_____年_____月_____日

序号	步骤及执行		时间			备注说明
	步骤	诊断重点内容	小组成员	开始日	截止日	
1						
2						
3						
4						
5						
6						

如何开展问卷调查

在规模较大的企业，或者集团公司，外聘税收诊断团队在开展实质性程序之前，往往会通过使用问卷调查来快速发现企业税收方面存在的问题，进而确定税收诊断工作的重点和方向。

税收诊断的问卷调查设计时，需要考虑以下内容：

（1）问卷内容，主要涉及企业的涉税环境、人员管理、采购付款、生产、销售收款等多个环节。通过问卷收集的信息可以基本判断纳税人的纳税意识和涉税管理水平。

（2）问题类型，每个纳税人的问卷内容应根据拟诊断单位可收集到的基本信息进行设计，每个企业都会有所不同。但应当遵循简洁明了、易于回答，注意问题顺序和逻辑，尽量避免复杂问题。问题的形式最好是选择题和填空题。

（3）调查对象，应以财务人员为主，必要时可要求采购、行政、销售人员也进行填写。

（4）调查方式，最好采用现场发放的方式，有必要可采取调查人在填写问卷的过程中，同时进行采访沟通。

有关涉税环境和采购付款的问卷调查内容可参考表1-7。

表1-7 企业涉税情况问卷调查表（部分）

类别	序号	调查项目	回复	是否进一步重点检查
涉税环境	1	企业是否委托会计师事务所进行年度审计？审计目的是什么		
	2	企业是否对业务建立授权批准制度（采购、销售、费用报销等方面）？是用什么信息系统进行流程审批		
	3	企业公章、财务章、法人章是如何管理？分别由谁来管理？是否由一人保管支付款项所有的印鉴		
	4	企业是否监测日常税务风险并采取应对措施		
采购及付款	1	采购岗位人员是否定期轮岗		
	2	采购的定价权由谁负责		
	3	金额较大的采购合同是否征询财务人员的意见		
	4	采购人员是否存在无法取得采购发票的情况		
	5	对退货条件、退货手续、货物出库、退货数量、货款金额等均有明确规定		

第三节　重在执行：税收诊断执行阶段

税收诊断的执行阶段是最为核心的阶段。本节将通过如何进行资料的收集、诊断时采用的方法、如何撰写诊断报告，以及完成诊断工作之后还需要展开哪些工作。

税收诊断需要收集哪些资料

收集资料是诊断过程中非常重要的过程，有些资料是诊断小组进驻前通过各类媒体、信息平台收集与企业经营相关的资料，更多的资料则是通过企业内部各个部门收集到的。

凡是与判断企业是否存在纳税风险的资料都属于收集范围。具体收集的资料可以参考表1-8。

表1-8　税收诊断需要提供资料清单（部分）

序号		资料名称	说明	是否需要	是否收到
1	会计账簿	科目余额表	需带科目编码；一级科目到末级科目全部显示		
2		序时账	—		
3		往来科目辅助核算科目余额表	包括期初余额、本期发生额、期末余额		
4		固定资产折旧明细表	—		
5		银行余额调节表	—		
6		原材料、库存商品收发存汇总表	各抽两个表，需标注原材料、半成品、产成品名称；表格中包括入库、出库、结余的数量及金额		
7	财务报表及申报表	资产负债表、利润表	各年度12月或第四季度		
8		纳税申报表	最近一期涉税申报表，包括企业所得税、增值税、房产税、城镇土地使用税、印花税、土地增值税等		
9	财务相关资料	银行存款、其他货币资金对账单及调节表、用于单位业务的个人卡流水	委托期间的对账单，要体现对方账户与名称		

续上表

序号		资料名称	说明	是否需要	是否收到
10	财务相关资料	支票领用存及作废登记簿	—		
11		资产管理记录	存货盘点明细表、固定资产盘点表、往来款对账记录		
12		税务检查处理通知书及检查结论	如有就提供这些资料		
13		销售部门台账	—		
14		存货管理系统	现场了解企业存货管理模块		
15		员工花名册及劳动合同	—		
16		发票使用情况登记簿	—		
17		所有与收入相关的合同	主要包括工程施工（承包）合同、分包合同等		
18		其他业务合同	租赁合同、抵押担保合同、商品采购合同、贷款合同、委托加工合同等		
19		工程预算及决算书	—		
20		所有收据存根	—		
21	证件	营业执照			
22		产权证明文件	房地产权证、土地使用权证、海域使用权证、车辆行驶证等		
23	管理制度	财务会计制度及相关内部控制制度	提供单位书面或电子的相关制度		
24		单位组织框架、人事结构及职责分工说明			
25		财务机构设置情况及人员分工			
26	其他	其他资料	其他资料在审计过程中根据审计结果进一步索取		

税收诊断可以采用哪些技术手段

在完全陌生的环境中，基于对诊断人员的不信任，会存在诊断人员难以索取资料的情况。如果是对本企业开展税收诊断时，由于对本企业的业务和人员比较了解，则会简化很多流程。诊断人员面临的情况不同，但所使用的诊断方法基本相同，具体见表1-9。

表1-9 税收诊断基本方法

序号	调查方式		举例使用说明
1	实地调查	观察	如观察员工与财务部门之间的协同表现，了解企业税收遵从度
		勘察	对公司厂房、土地、农业资产、矿产资源等进行实地勘察，了解资产价值
		盘点	如对重要存货、机器设备等进行抽查监盘，了解资产管理情况，是否盘亏盘盈，是否出租，是否存在多转或少转成本的可能性
2	资料查询	内部资料查询	对财务账套、会计凭证、内部流转单据、会议纪要、各类合同、业务文件、各类分析报告、产权证件等企业内部形成与保存的相关涉税资料进行查询
		第三方资料查询	对审计报告、评估报告、征信报告、行政处罚等第三方出具的相关文件资料进行查询，从第三方角度了解企业纳税情况
3	信息验证	公开信息验证	通过访问公司网站、媒体账号、新闻报道、行业报刊、第三方咨询机构分析报告等方式，获取纳税人及所在行业的外部信息
		官方信息验证	通过税务部门、市场监督管理部门等政府职能机构及银行、证券交易所等其他官方机构，调取纳税人的信息，如市场备案资料信息、纳税申报资料信息、资质申请与审批资料信息等由第三方记录、保存的资料信息
4	访谈询问	正式访谈	根据尽调目的设计好访谈提纲，通过对关键核心人员的访谈，了解企业的实际经营情况、市场情况等内容，判断企业内控的有效性和税收遵从情况
		非正式访谈	利用工作餐、车间盘查、门卫等车的时间，创造向基层人员了解企业情况的机会，此时所收集到的信息往往不会被刻意粉饰，更具有真实性
		调查问卷	根据调查内容，提出相关问题并以调查问卷的方式，在公司内部或外部合作单位内填写，以获取想要了解的信息
5	函证查询	书面函证	通过对公司债权人、债务人、供应商、客户等进行书面函证或邮件等电子方式，验证通过其他方式获取各类资料与信息的真实性与准确性
		电话询证	通过电话、视频等录音、录像方式，验证通过获取各类资料与信息的真实性与准确性

续上表

序号	调查方式		举例使用说明
6	分析测试	分析性程序	利用趋势分析、结构分析等方法对各种渠道取得资料进行税负等数据分析和比对,发现企业是否存在影响纳税的重大问题等
		抽样	从全部调查研究对象中抽取一部分对象进行调查,如销售合同、采购合同等,并据以对全部调查研究对象作出估计和推断,反映调查对象的总体情况
7	数据核对及验证	资料审查及核对	抽查及核对账账是否相符、账证是否相符、账表是否相符、账实是否相符,确认是否存在技术性差异,或者主观漏税情况
		重新计算	对税款的数据进行重新计算,确定是否存在税款差错情况

诊断报告的内容及报告样本

诊断报告的出具代表了税收诊断现场工作的结束,也是税收风险诊断的结论。一篇完整的税收诊断报告,至少应包括三部分的内容。

第一部分是诊断范围的论述,包括诊断的时间区间、被诊断的主体范围及主体的情况介绍等。

第二部分是明确诊断双方的责任。通常诊断报告是由外聘的专家团队完成的,诊断报告则需要写明双方在诊断过程中各自的责任。如果诊断报告是由企业内部人员完成,则这部分可以忽略,但可以列明诊断小组成员的情况。

第三部分最为重要,是将诊断发现的问题及对税收风险的结论一一列明。通常这一部分的撰写顺序可以根据风险的重要性排列,以确保决策者能够第一时间阅读到最为重大的纳税风险,但也有一些报告是根据税种的顺序撰写。无论是哪种撰写顺序,都应当将发现的税收风险全部列示在报告中。

撰写报告需要注意的是,所有结论都应当列示发现的证据、所依据的政策文件,以及可能导致的结果。如果没有明确的依据,则不能主观臆断夸大可能存在的风险,而给报告的使用者作出错误的判断。报告样本的目录,可参考图 1-2 和图 1-3。

税收风险诊断报告（样本）

×××有限公司：

  我们接受委托，对×××有限公司（以下简称贵公司）2020年至2023年6月的涉税事项进行审核，并出具风险诊断报告。

  贵公司的责任是及时提供与财务核算、纳税申报事项、税收优惠享受等有关的会计资料，并保证其完整性和真实性。我们的责任是本着独立、客观、公正的原则，依据《中华人民共和国税收征收管理法》及其实施细则、《中华人民共和国企业所得税法》及其实施条例、《中华人民共和国增值税暂行条例》等有关政策，对贵公司委托期间的纳税申报进行审核，对涉税业务进行全面健康检查，协助企业发现并消除潜在的税务风险，合理争取税收利益，并出具风险诊断报告。

  一、企业基本情况及税收政策执行情况

  （一）企业基本情况

  （以下略）

图1-2 税收风险诊断报告（样本）

目录

一、企业基本情况及税收政策执行情况

  （一）企业基本情况

  （二）企业目前执行的税收政策及享受的税收优惠

    1. 税收政策

    2. 税收优惠享受情况

二、财务报表指标涉税分析

  （一）资产负债表财务指标分析

  （二）利润表财务指标分析

三、税收风险隐患及带来的税收成本

  （一）采购环节的税收风险

    1. 采购合同重要条款未约定或约定不明

    2. 部分采购合同未签订

    3. 采购发票取得不及时

    4. 实际库存和财务账面库存不一致

    5. 虚假暂估成本费用

    6. 费用支出不合理，费用真实性存疑

    7. 费用报销单据不规范

    8. 承担非本单位费用不得税前扣除

    9. 员工商业保险不得税前扣除

（二）销售环节的税收风险

1. 货物已交付但合同后签订
2. 应收货款催收不及时
3. 收入确认滞后
4. 成本提前结转
5. 已发货并收齐货款，但未及时结转收入

（三）资产管理方面的税收风险

1. 房产出租的税收风险
2. 车辆的税收风险

（四）资金管理方面的税收风险

1. 现金交易频繁的税收风险
2. 关联方之间无偿借款的税收风险

（五）人力资源方面的税收风险

股东个人所得税贡献率过低的税务风险

（六）税收优惠政策享受的税收风险

1. 不符合研发费用加计扣除的税收政策
2. 固定资产未享受 500 万元以下固定资产一次性税前扣除的优惠政策
3. 公益性捐赠支出未享受可税前扣除的优惠政策

（七）股权架构风险

（八）其他涉税风险

1. 增值税及附加税方面

    （1）外购货物用于捐赠，未视同销售
    （2）用于集体福利或个人消费的购进货物进项税额未转出
    （3）部分本公司员工车船票未计算抵扣进项税额
    （4）收个税手续费返还未计提增值税

2. 印花税方面

    ……

（九）其他方面

1. 部分会计凭证后附单据无领导签字，无法佐证业务真实性
2. 采购和销售业务财务入账滞后，导致财务账无法及时准确的反映经营成果

图 1-3　税收风险诊断报告目录（样本）

整改后如何保持合规状态

税收诊断是税收合规的第一步，所以诊断出来的结果一定要引起管理层的重视，应尽快制订解决方案，建立税收合规体系，完善税收档案的管理，

提高全员纳税遵从度。

1. 制订税务风险整改方案

税务风险自查后，企业需要制订税务风险整改方案。方案应包括具体整改措施、整改时限和责任人等要素。同时，还要督促整改人员按照方案执行，并及时跟进整改进展情况。

2. 建立健全税务合规体系

企业需要建立健全税务合规体系，确保企业税务合规性和持续发展。建立合规体系涉及税务管理流程、制度和人员配备等多方面，需要从整体上把控。

3. 完善税务档案管理

税务档案是企业的重要资料，对于企业的经营管理、财务处理等都有很大的影响。因此，企业需要完善税务档案管理，建立档案管理制度，确保档案的安全、完整和准确。

4. 提高税务风险意识

积极提高员工税务风险意识，使员工能够更好地识别、评估和控制税务风险。通过不断的培训和教育，员工可以更好地了解税务政策和法规，从而增强税务合规意识。

第二章　财务报表诊断方法

财务报表是企业经营管理的仪表盘，同时也是开展税收诊断的端口。财务报表不仅反映了企业的财务状况、经营成果，同时也能反映出企业隐藏的税收风险。

第一节　通过财务报表项目进行税收诊断

资产负债表反映企业某一时点的财务状况，利润表反映企业某一期间的经营情况。两张报表都是以权责发生制为编制基础。税收的基本原则也是遵从了权责发生制，因此从两张财务报表上，可以关联到企业的税收。本节将重点介绍如何通过财务报表和其他经营报表发现税收风险。

通过资产负债表展开税收诊断

通过对资产负债表具体项目的金额进行分析来发现企业的涉税问题，是常用的诊断方法。因为不同的行业，财务报表会呈现出与行业相关的数据，而当数据金额与该企业所处的行业或者经营现状发生背离时，就可能存在税收风险。

（1）查看企业的资产负债表的货币资金项目时，余额出现负数，那么说明该企业极有可能存在收入入账不及时，存在账外收入的情况；如果余额过大，明显与企业规模或者行业不匹配，有可能存在资金外借或多列费用少计收入可能性。

（2）查看企业的资产负债表的存货项目时，若该行业属于服务类企业，或是劳动密集型的人力资源公司，但存货金额较大，而期末数比上期数额突增突减或本期为零，则可能存在非服务性业务的情况，需要了解企业在增值税的税率上是否适用正确。

（3）资产负债表的其他应收款项目大多与经营无关，如果未分配利润数额大，而货币资金数额较少，则应注意是否存在利用应收款项套取股息、红利的问题。

（4）资产负债表的其他应付款项目被称为企业利润的"蓄水池"，如果其他应付款长期保留有很大数额，应引起重视。可能存在账外收入长期不确认收入的情况。

通过资产负债表发现企业的涉税问题的另一个重要的方法，是通过资产负债表不同期间的数据对比、数据结构及数据变化趋势等关系来进行分析，还可以利用资产负债表与纳税申报表的数据是否存在钩稽关系来进行判断。

例如，资产负债表的期初还存在较大金额的在建工程，期末的在建工程金额变小，而固定资产期末余额则非常高。可以推测企业存在在建工程已经完工，那么如果房产税的纳税申报表无申报信息，则可能存在房产税少缴的情况。

如果在建工程连续多年保持不变，且金额较大，可能也存在房产已经被使用而未缴纳房产税的情况。

通过利润表展开税收诊断

如何通过利润表发现企业的税收问题，应从组成利润表各项目结构的合理性和财务指标比对两个维度展开。

1. 利润表各项目结构的合理性

利润表反映企业的经营成果，也是与企业税收联系最为紧密的一张财务报表。利润表中的每个项目都或多或少与税款相关联，尤其是企业所得税，更是在利润总额的基础上进行调整计算得出。

（1）营业收入。增值税是与营业收入关联最大的一个税种。理论上，增值税的销售额应该大于营业收入，除了正常的销售以外，视同销售、价外费用等会计上不会确认营业收入，但仍然需要计算增值税。

例如，一家企业如果将自产产品用于集体福利或者无偿赠送他人，或者收取违约金、赔偿金、运输装卸费等各种价外费用，那么增值税申报表中的销售额就会大于利润表中的营业收入。如果增值税申报表中的销售额就会小于利润表中的营业收入，那么会存在增值税被少计的可能性。

（2）营业成本。利润表中的营业成本是与营业收入是直接相关的，收入、成本的发生是存在一定的配比关系的。当配比出现异常，如营业成本大于营业收入的企业，说明这家企业存在生存危机。如果长期保持这种情况，那么这个企业多半存在收入少计、成本多列的情况，影响的不仅仅增值税，也会影响企业所得税。

（3）期间费用。期间费用包括销售费用、管理费用和财务费用。期间费用不正常影响最大的主要就是企业所得税。期间费用变动率及期间费用占收入的结构比是最常用的分析工具。

例如，某企业的期间费用占收入比为10%，第二年的期间费用占收入比为20%。而两年的收入并没有太大变化，那么这两年期间费用造假的可能性较大。

（4）其他利润表项目。利润表中的投资收益、营业外收入、营业外支出等项目，一般情况下占比较低。但是如果出现金额较大，与企业实际经营范围、企业规模等不相匹配的情况出现时，应重点进行关注。

2. 利润表财务指标的比对

通过利润表数据的比较，是发现企业涉税问题的重要方法之一。

某些财务指标如果达到同行业预警值，在税务系统中就会提示该企业存在问题，所以也是企业在税收诊断中常用的指标。

（1）利润表直接相关的财务指标。与利润表相关的财务指标，如主营业务收入变动率、主营业务成本变动率、销售毛利率、主营业务利润变动率、收入费用率、营业费用变动率、主营业务收入与主营业务利润弹性系数，都是涉税分析中常用的财务指标。

（2）利润表与资产负债表相关的财务指标。利润表与资产负债表相关的财务指标包括增值税税负率、企业所得税税负率、综合税务率、应收账款周转率、存货平均周转率、资产周转率、净资产收益率、总资产收益率、赊销率、赊购率等。

通过经营报表和纳税申报表展开税收诊断

除了资产负债表和利润表，进行涉税分析还会用到经营报表及纳税申报表等。

经营报表数据中涉税分析常用的指标有投入产出比、单位产品能耗率、设备日产量、单位产品耗用工资、劳务支出增长率、出口销售收入变动率、单位产品主材耗用率等。常用来进行涉税分析的经营报表见表2-1。

表 2-1　涉税分析常用报表

序号	报表名称	报表提供部门	使用说明
1	现金日报表	财务部门	财务部门每天都会上报现金日报表，抽查现金日报表往往能够发现企业是否存在账外收款的情况
2	产品销售统计表	销售部门	销售部门定期制作产品销售统计表，该表与财务入账的销售数据如果存在差异，则存在延迟收入确认时点，或者不确认收入等情况
3	成本计算表	生产部门	生产部门的各类统计表较多，其中成本计算单最能反映企业真实的产品成本构成及产量情况
4	原材料耗用表	生产部门	原材料耗用表中能够反映原材料真实的使用情况，包括电耗及单位产品中主要原材料的实际消耗情况
5	人工工时统计表	生产车间	人工成本涉及企业所得税及个人所得税，通过本表与纳税申报表进行核对分析，可以发现人员数量和金额是否存在人为调整的情况

除了经营报表外，还可以直接通过对纳税申报表进行分析发现企业存在的涉税问题，详见表 2-2。

表 2-2　常用涉税指标表

序号	指标名称与计算公式
1	总体税费负担率＝期间企业税费总额÷期间营业收入
2	增值税税负率＝期间应纳增值税额÷期间销售收入
3	增值税弹性系数＝增值税应纳税额变动率÷销售收入变动率
4	进项税额与销项税额弹性系数＝期间进项税额变动率÷期间销项税额变动率
5	企业所得税贡献率＝企业所得税÷营业收入
6	企业所得税贡献率变动率＝（报告期企业所得税贡献率－基期企业所得税贡献率）÷基期企业所得税贡献率
7	企业所得税税收负担率＝企业所得税实缴额÷利润总额
8	企业所得税弹性系数＝应纳税额变动率÷主营业务收入变动率
9	应纳税所得额变动率＝（报告期应纳税所得额－基期应纳税所得额）÷基期应纳税所得额

第二节　利用财务指标进行税收诊断案例

利用财务指标作出快速查找税收风险点的重要手段，是在税收诊断工作开展的初期常常使用的，虽然不能作为税收风险的直接证据，但可以帮助诊断小组提高诊断速度，快速找到风险点。

案例分析：利润率异常引出企业虚列成本

对财务报表进行财务指标的分析，是税收诊断能够快速查找关键点的有效手段之一。一些交易方式简单的企业，诊断小组可通过利润率、毛利率、工资占比、发票占比等指标快速发现企业问题。

诊断小组在对某人力资源公司进行税收诊断工作时，索取该企业三年的利润表，并对利润表进行了数据分析，发现三年的收入相对稳定在500万元～600万元之间，但利润率分别为7%、16%、5%，显然这种异常的波动不符合该企业性质。

诊断小组分析该企业属于服务企业，且主要成本为人力成本，这类企业的涉税问题主要集中在费用发票和虚列人力成本上。诊断小组进一步通过发票系统提取了该企业三年取得的所有发票，并通过企业所得税纳税申报表进一步编制发票成本检测表分析成本是否存在异常，见表2-3。

表2-3 发票成本检测表

金额单位：元

序号	项目	2021年	2022年	2023年
1	收入额	5 274 981.49	5 552 249.99	5 897 596.55
2	系统中当年取得的所有发票额	2 526 075.94	1 680 109.24	2 148 033.65
3	个人所得税申报的全部人工成本	2 111 334.11	2 195 358.50	2 567 571.06
4	固定资产当年计提的折旧	—	—	87 796.67
5	本年缴纳的社会保险金	279 564.18	272 944.54	263 693.10
6	利润表中的利润总额	360 866.34	906 386.94	−268 637.01
7	成本异常值	−2 859.08	497 450.77	11 233 328.04

成本异常值＝收入－系统中当年取得的所有发票额－个人所得税申报的全部人工成本－固定资产当年计提的折旧－本年缴纳的社会保险金－利润表中的利润总额

诊断小组根据这个公式计算出来的成本异常值，进一步分析影响该数值的情况还包括企业缴纳的住房公积金、计提的风险金、税金及附加和财务费用，扣除这四项后，三年的成本异常值分别为−427 997.58元、42 543.83元、645 098.41元。

诊断小组再一次通过抽查发票明细发现，2021年，部分员工为少交个人所得税，以开发票的方式套取现金，但由于开具的发票大多不合格，财务人员拒绝报销，因此造成公司取得的发票多，但最终未报销入账，所以导致成本异常值为负数。

2022年，乱开发票现象得以控制，因此当年的成本异常值已经接近零。但2023年有64万元来路不明的成本，经过审核，主要是未通过发票系统开具的定额发票、出租车票、差旅发票等。通过审查，大多数此类发票也非正常业务，最终有32万元的发票确定为无真实交易的虚假成本。

案例分析：通过趋势分析发现企业的隐匿收入

趋势分析是通过连续几个年度财务报表各项目值的变化，发现其是否存在与正常发展趋势不匹配的现象，以确定是否存在涉税风险的一种手段。

诊断小组在对某设备公司进行税收诊断工作时，索取该企业五年的利润表，并对利润表进行了数据分析，见表2-4。

表2-4　五年利润表汇总表

单位：某设备公司　　　　　　　　　　　　　　　　　　　　金额单位：万元

项目	2019年	2020年	2021年	2022年	2023年
一、主营业务收入	2 858	2 441	2 940	2 766	2 771
减：主营业务成本	2 066	2 059	2 242	1 858	2 058
税金及附加	0	46	31	27	28
二、主营业务利润	792	336	667	881	685
加：其他业务利润	95	72	96	88	74
减：营业费用	193	172	155	184	145
管理费用	253	264	443	567	538
财务费用	22	30	−16	4	27
三、营业利润	419	−58	181	214	49
加：补贴收入	0	0	10	0	2
营业外收入	26	5	10	2	5
减：营业外支出	0	0	5	1	0
四、利润总额	445	−53	196	215	56
减：所得税	11	0	2	0	3
五、净利润	434	−53	194	215	53

诊断小组通过查看利润表，发现企业所得税与利润严重不匹配。但通过

调取企业所得税纳税申报表发现，企业在 2018 年以前存在大量可弥补亏损，而且该企业每年有较大的技术开发费加计扣除。在 2020 年至 2022 年，享受了不超过 500 元万固定资产投资一次性扣除的优惠政策。但该企业所得税较少，仍然让诊断小组对该企业的数据产生质疑。

根据 2019 年至 2023 年五年的利润表，诊断小组作出收入成本的趋势图，如图 2-1 所示。通过本图可以清晰地发现，2020 年的收入为最低点，但成本并非最低点。2022 年的成本则成为五年中最低数值。成本与收入本应属于配比变化，但该公司的变化趋势显然并不符合市场规律。

诊断小组随即决定将 2020 年的收入，以及 2022 年的成本作为本次审查的重点。该公司的收入包括内销、进料加工、来料加工和一般贸易四种贸易方式，诊断小组对这四种贸易方式进行了毛利率的比对，如图 2-2 所示。

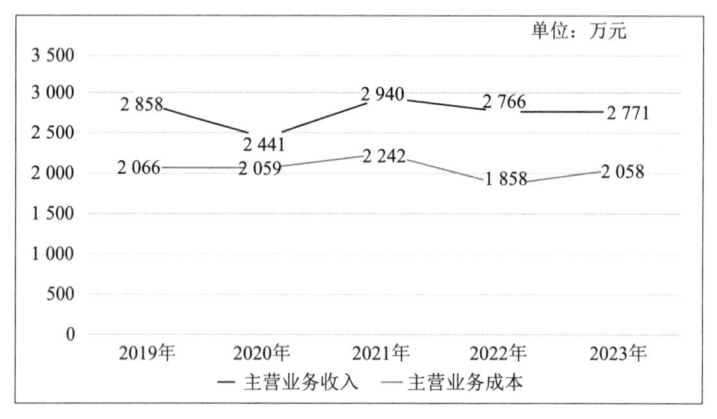

图 2-1　收入成本趋势图

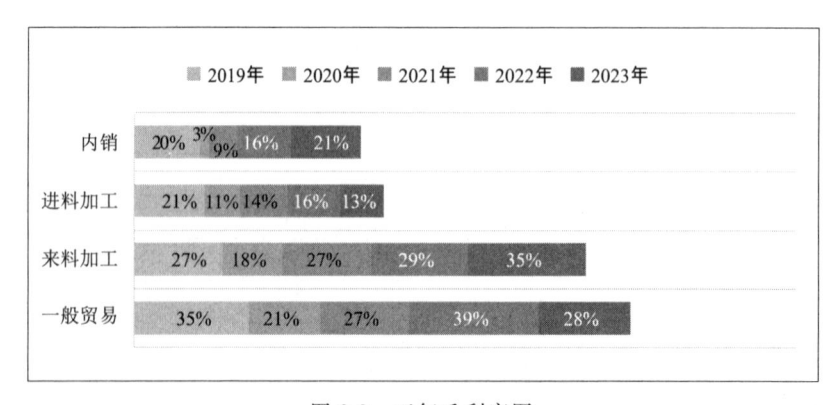

图 2-2　五年毛利率图

图 2-2 显示，几种贸易方式在 2020 年均处于较低水平，但内销的毛利率

仅为3%。显然如果没有合理的理由，内销毛利率如此之低，就只有隐匿内销收入这一种情况了。随后在诊断人员不断收集证据的过程中，财务人员主动承认2020年存在大批内销收入未入账的情况。

案例分析：管理费用占收入比例异常存在重大涉税风险

结构分析是对利润表分析时常用的手段，是通过每个财务报表项目占收入的比例，并进行各年度分析。如果存在异常变化，则诊断小组就需要特别关注变化的原因，是否有合理解释，再决定是否重点审查，以确定税收风险存在的可能性。

诊断小组在对某设备公司进行税收诊断工作时，索取该企业三年的利润表，并对利润表进行了结构分析，见表2-5。

表2-5 利润表结构分析

金额单位：万元

项目	2021年 金额	2021年 结构比	2022年 金额	2022年 结构比	2023年 金额	2023年 结构比
一、营业收入	38 112	100%	42 079	100%	47 644	100%
减：营业成本	29 400	77.14%	32 187	76.49%	35 912	75.38%
税金及附加	492	1.29%	577	1.37%	183	0.38%
销售费用	388	1.02%	614	1.46%	801	1.68%
管理费用	2 998	7.87%	3 627	8.62%	4 992	10.48%
财务费用	899	2.36%	648	1.54%	435	0.91%
资产减值损失	132	0.35%	−468	−1.11%	0	0
二、营业利润	3 803	9.98%	4 894	11.63%	5 321	11.17%
加：营业外收入	3	0.01%	0	0	1	0
减：营业外支出	50	0.13%	100	0.24%	74	0.16%
三、利润总额	3 756	9.86%	4 794	11.39%	5 248	11.02%
减：所得税费用	489	1.28%	905	2.15%	907	1.90%
四、净利润	3 267	8.57%	3 889	9.24%	4 341	9.11%

注：结构比为报表项目占营业收入的比值。

通过对该设备公司利润表结构的分析，可以发现企业的收入呈现逐年上升的趋势，成本占比在76%左右，说明企业的产品市场较好，成本比较稳定。由于2023年出口业务增加，税金及附加在2023年有明显下降。

通过大数据统计，销售费用结构占比的同行业数据为0～1.49%之间。而企业在三年销售费用结构占比分别为1.02%、1.46%、1.68%，在后两年已经超过同行业。应该作为重点关注项目，出口业务增加为何让销售费用不增反降。

通过大数据统计，管理费用结构占比的同行业数据为0.19%～9.59%之间。而企业在三年间管理费用结构占比分别为7.87%、8.62%、10.48%，在2023年明显超过同行业，并且在收入持续上升的情况下，管理费用占比不降反升，这种异常需要重点审核。

由于管理费用的异常更甚于销售费用，因此，诊断小组迅速将审核重点放在管理费用上。通过对管理费用明细项目的结构性审查发现，三年中研发费用增幅最高，研发费用占管理费用的比重，三年分别为5.4%、15.3%、33.7%。

诊断小组进一步对研发费用进行重点审查，并采取了逐项审查的方式，最终发现2022年有300万元研发费用、2023年有1 567万元研发费用属于虚假业务，部分是将正常生产的产品成本计入研发费用，还存在虚开发票、虚列工资的情况。

第二篇 从业务层面看税收诊断

本篇从商业模式、销售业务、采购业务、人力成本管理、资产管理和股权架构六类业务角度,阐述业务发生后,税收诊断小组如何通过具体的诊断方法,发现由该类业务形成的税款存在申报和缴纳漏报风险,并用案例来说明税收风险是如何被发现的。

第三章　如何对商业模式进行税收诊断

本章从税率差、计税方式和销售政策三个税收视角，来看待商业模式的设计和运行，判断企业是否存在税收风险。

第一节　税率差对商业模式影响的诊断

由于增值税和企业所得税针对不同产品和服务、不同规模等企业会适用不同的税率，而企业在实际经营中，往往会存在混同各类产品和服务造成难以确定适用税率的情况，那么商业模式的不同设计就会影响商业运作形成的税收成果。

税收诊断方法与思路

对商业模式的涉税影响主要体现在增值税和企业所得税上。

1. 增值税

增值税的税率从开始实施的17%、13%、11%、6%、0等，经过不断地政策调整，逐步过渡到13%、11%、6%、0等档位。随着经济发展，增值税的税率也会不断发生变化。

诊断人员需要与时俱进，及时根据税率变化来调整诊断方法，开展诊断工作时，可按以下程序展开。

（1）首先了解被诊断单位的经营范围，确定可能存在的主营收入范围；

（2）查看公司主营业务收入、其他业务收入和营业外收入的构成；

（3）抽查主要销售合同，关注提供商品或服务的义务条款，确定是否存在混合业务的情况。

根据索取的资料和信息，分析企业是否存在不同税率的产品与服务混销售或者兼营的情况。

（1）如果企业的主业为高税率的产品，是否有将业务或合同公司分设的设计或者存在分拆业务的可能性。

例如，生产企业同时提供运输或者其他商品服务的，企业是否有将运输或者服务部门设计为独立公司，且独立向客户收款。那么低税率的服务混合在商品销售的价格中而加大税收成本的情形，就可以得到改善。

（2）如果企业的主业为低税率的，是否采用混合销售方式，可以有效降低高税率单独核算带来的高税负。

例如，服务企业在提供服务的同时销售商品，企业是否采用混合收费模式，而非独立核算造成销售商品适用更高税率，导致税负增加。

（3）如果企业的产品将上下游产业综合在同一个公司，且上下游产业又适用不同的增值税税率，那么企业是否具备分设公司经营的条件。

例如，种植农产品且同时进行加工的企业，种植与加工适用的增值税率不同时，如果未设立不同公司分别经营的方式，就会造成低税率或者免税产品无法真正享受国家给予的优惠政策。种植与加工项目全部按最高税率来计算增值税，导致企业税收成本过高增加企业纳税风险。

2. 企业所得税

在开展企业所得税税收诊断时，具体可参考表 3-1。

表 3-1　企业所得税税率差对商业模式影响的诊断程序表

序号	项目	诊断方法	诊断证据	诊断结论[①]
1	（1）是否符合小微企业的确认条件 （2）相关独立业务和产品是否可拆分	（1）查看企业所得税纳税申报表、资产负债表中的资产总额、人数和利润总额； （2）了解产品、业务是否具备成立独立公司的独立条件		
2	是否在税收优惠地区有关联公司在经营	（1）了解公司在各地的经营情况及当地税收补贴、返还等政策； （2）了解公司在异地开公司的具体条件		

---

① 根据诊断结果填写。

续上表

序号	项目	诊断手段	诊断证据	诊断结论
3	（1）企业是否具备高新技术企业、双软企业或技术先进型企业的基本条件，并据此享受相应的优惠政策？ （2）企业是否存在相关产品通过剥离成独立企业可享受15%税率的可能性	（1）审查企业的营业执照、财务报表、知识产权证书、研发项目文件、员工花名册等； （2）了解企业的研发环境、生产设备、质量管理体系等； （3）了解企业的经营状况和研发能力； （4）查看会计师事务所或评估机构出具的财务审计报告和研发能力评估报告		

注：诊断程序表是诊断人员在诊断中使用的表格，诊断人员根据诊断项目与诊断方法的提示，在实际工作中去收集诊断证据，填写证据内容，并根据证据确定诊断结论。本表为程序表样本，诊断证据与诊断结论为空列，需要诊断人员在工作中根据实际情况进行填写。

案例分析：未分清核算导致多交数十万元增值税

销售商品与提供服务是两个适用不同税率的行为，应分别按对应税率计算增值税。但一些企业在销售商品并提供与销售货物相关的服务时，未能分清核算，而采用了较高的税率，则会给企业增加不必要的税收成本。

某大型机械设备公司在进行年度税收诊断工作时，聘请的税收专家发现，8月该公司销售了10台大型机械设备（不含税）收入共计6 000万元，并提供相应的安装服务，安装费（不含税）收入共计1 000万元。

公司的财务人员直接按照混合销售的模式，一律适用主业13%的税率开具发票，增值税共计910万元。

税收专家在与财务人员的沟通中了解到，财务人员是按照税法中"一项销售行为如果既涉及服务又涉及货物，为混合销售。从事货物的生产、批发或者零售的单位和个体工商户的混合销售行为，按照销售货物缴纳增值税"的政策，将设备销售与安装服务按照混合销售方式计算增值税。

税收专家解释说，这个理解是不错的，但涉及安装服务时，还有另外一项规定，即《国家税务总局关于进一步明确营改增有关征管问题的公告》（国家税务总局公告2017年第11号）规定："一、纳税人销售活动板房、机器设备、钢结构件等自产货物的同时提供建筑、安装服务，不属于《营业税改征增值税试点实施办法》（财税〔2016〕36号文件印发）第四十条规定的混合销售，应分别核算货物和建筑服务的销售额，分别适用不同的税率或者征收率。"所以将设备销售按照 13% 的税率、安装服务是可以按照 9% 的税率计算缴纳增值税的。

因为财务人员对政策的理解不到位，适用政策错误，仅此 8 月的这几笔业务就造成公司多缴增值税 40 万元。

案例分析：未利用优惠政策形成的税率差导致企业税负大幅度上升

农产品养殖种植属于国家鼓励产业，给予了较大的税收优惠，免税让该行业的税率低至为零。未缴纳增值税的农产品提供给下一道生产环节时，却可以形成增值税的抵扣，但如果是连续生产则不会享受该政策。

衣辰食品公司是有二十多年历史的卤味加工生产企业，因税负一直居高不下，经理张总找到了专业团队为此开展税收诊断。经过 5 天的证据收集和走访，诊断小组发现了造成衣辰食品公司税负畸高的主要原因。

衣辰食品公司在几年前随着规模的扩大，原有的几家老供应商已经无法满足衣辰食品公司的需求。为了加强对上游原材料品质的控制，同时扩展更加稳定的原材料获取渠道，衣辰食品公司主动向上游产业延伸，单独承包 20 余亩土地，建立起了属于自己的家禽饲养与屠宰基地。

衣辰食品公司从批发商手中采购原材料，可以获得对方开具的增值税专用发票，而从自己的养殖场拿到的原材料，只有少量饲料收购发票可以抵扣。很多针对农业生产的税收优惠政策没有充分享受，这导致衣辰食品公司的增值税税负急剧上升。

诊断小组提出家禽饲养产业如果设立独立公司，则其给生产环节供货。生产环节可以形成较多的进项税额抵扣，降低生产环节的增值税税负的同时，养殖公司属于免税业务，也并未形成增值税。这样整体的税负至少可以降低一半。

如何将家禽饲养与屠宰业务、卤味加工销售两大产业板块各自独立，不仅仅需要对管理进行重新分工，还要考虑与两个板块的资产、债务与人员要彻底分割。诊断人员也提议衣辰食品公司聘请专业的咨询团队开展公司分立业务。

第二节　计税方式对商业模式影响的诊断

增值税的计税方式主要有两种：一般计税法和简易计税法。由于两种方法不同，对纳税人处理同样的业务时，可能会造成不同的管理成本差异及实际税负的差异。

对于一般纳税人来讲，均需要按一般计税法计算增值税。但特殊情况下，一般纳税人也可以选择简易计税法，这样不但减轻了一般纳税人的管理成本，也会降低增值税税负。

税收诊断方法与思路

诊断企业的商业模式是否选择合适的计税方法，主要关注两种情况：一是具备分割成为小规模纳税人条件的企业；二是有特殊政策的行业企业是否选择简易征计税。如一般纳税人的建筑企业，对于能够清晰核算清包工、甲供材等项目的企业，是可以选择采用简易计税的方法计算增值税。如果企业没有选择简易计税，有可能增加企业的纳税成本。

但是也并非简易计税都能够降低企业的增值税税负，诊断时应充分考虑企业可以取得的增值税专用发票可以抵扣的比例，以及综合考虑企业的管理能力和管理成本，选择合适的计税方法。

此类的特殊行业不仅仅包括建筑行业，还有提供非学历教育服务、教育辅助服务、提供的人力资源外包服务、提供劳务派遣服务、提供安全保护服务等多个行业。

在进行税收诊断时，可采用以下方法开展诊断工作：

（1）了解企业的生产、规模和经营情况；

（2）了解企业是否存在跨区域经营的情况、设立分公司的经营情况，以及分公司的纳税人身份；

（3）查看账目中，采用简易计税的项目与一般计税项目分别核算的情况；

（4）对可以选择简易计税的业务进行数据比对分析，确定选择的计税方式是否合理。

案例分析：分公司申请独立纳税申报主体可选择增值税小规模纳税人身份

企业在经营中随着收入的增加和规模的扩大，会延伸出分支机构。作为单独注册登记的分支机构，具备独立核算能力，可以独立申请增值税纳税义务人。如果一般纳税人企业对于规模较小的分支机构没有单独申请独立的增值税纳税义务人，那么该分支机构就只能按一般计税方法计算增值税，从而增加分支机构的纳税成本。

诊断小组在山东安钢设备公司开展税收诊断工作，通过国家企业信用信息公示系统查询到山东安钢设备公司在北京设立了北京分公司，但在账套中未发现北京分公司的独立账套。

诊断小组经过了解得知，北京分公司成立的目的是相关产业的研发人才大量集中在北京，董事长决定机构跟着人才走，将研发机构设在北京。由于北京分公司的业务量较小，虽然研究有了一定成果，但是上年的收入还不到100万元，所以暂时没有独立核算。

总经理预计北京分公司在2025年会形成300万元左右的收入，但由于以研发为主，亏损较大，所以暂时也不会设立独立的子公司。这样做的目的是亏损可以并入山东安钢设备公司。

诊断小组在诊断报告中作出相关提示，按目前北京分公司的运营情况设立分公司有利于亏损的弥补。如果北京分公司独立核算，申请独立的纳税申报主体，分公司的亏损不但不影响并入总公司，销售收入还可以按小规模纳税人选择简易计税法计算增值税。

目前，分公司的销售收入是按一般计税法计算，且分公司的主要成本为人工，也无法取得足够的增值税进项税额用于抵扣，这显然增加了增值税额，提高了公司的增值税税负。

案例分析：一般纳税人选错计税方法多交近一倍税款

一些特殊行业或者销售特殊产品的一般纳税人，在符合政策的规定下，也可以选择采用简易计税的方法计算增值税。这会大大降低企业的增值税税负，比如提供非学历教育服务的一般纳税人。

诊断小组在对某交通运输集团及下属公司开展税收诊断工作时，关注到集团还投资了一个驾驶员培训学校。该培训学校在2023年的增值税税负明显增加，比2022年提高近一倍。

诊断小组经过了解得知，该学校在近两年收入增长较快，因为满足连续12个月销售收入超过500万元的条件，因此在2022年12月转变为增值税一般纳税人。

该校的财务人员解释说，单位的主要成本是工资支出，在日常业务中很难取得进项税额发票。转变为增值税一般纳税人后，学校就采用一般计税法，导致增值税增多。

诊断人员向财务人员出具了《财政部 国家税务总局关于进一步明确全面推开营改增试点有关再保险、不动产租赁和非学历教育等政策的通知》（财税〔2016〕68号）规定："三、一般纳税人提供非学历教育服务，可以选择适用简易计税方法按照3%征收率计算应纳税额。"

而该校提供的驾驶员培训业务，属于非学历教育服务，所以完全可以适用此文件的规定。但由于财务人员对政策掌握不及时不精准，导致学校未能选择合适的计税方法而多缴税款。

第三节 销售政策的税收诊断

企业在制订销售政策时，往往会使用打折、买赠、会员卡等各种方式，来吸引买方的关注达到增加销量的目的。不同的销售方式也会适用不同的税收政策，还要关注是否触及"视同销售"等问题。

销售政策的形式与税收诊断方法

企业常常会使用一些促销手段，如积分换物、代金券、销售折扣、进店送礼、抽奖销售、充值返利、买一赠一、会员打折、现金折扣等，如果企业不掌握税法在销售政策方面的规定，或者对政策错误理解，那么在设计营销模式之初，就埋下税收隐患。

比如，将产品赠送给潜在顾客，由于没有实际形成直接的获利，企业往往将该产品的成本作为销售费用来对待。但在税收上则将其视同销售，按市场价格来确定该产品对应的税款，并计算申报纳税。这就是视同销售非常典型的实际运用。

对企业的销售政策是否存在涉税风险所采用的税收诊断方法如下。

（1）可以通过网络媒体了解企业近年来所使用过的所有营销手段，并通过与营销人员直接沟通来了解公司的营销政策和效果。

（2）发现营销政策中有可能存在视同销售行为的，则需要进一步确定营销政策实施的期间，并与这段时期的账面收入及期间费用的科目进行匹配核对。

(3)销售台账需要与收入分类账、明细账、总账进行核对，并查看销售台账中关于与视同销售政策相关的字眼，以及正常销售产品的单价，以确定视同销售行为，并计算视同销售行为增加的增值税金额。

案例分析："进店有礼"的礼品应该如何计算增值税

"视同销售"是指应当纳税的行为，在税法中将其规定视为一种销售行为并予以计征税款。无论是增值税还是企业所得税的法律条款中，都有关于视同销售的相关规定。

2023年，集团公司聘请税务诊断专家，对下属家电公司开展全面的税收诊断工作。诊断小组在家电公司的卖场进行三天的现场调查，发现为了促销，卖场在一年内先后推出了二十多套销售政策。

诊断小组将所有的销售政策的宣传单都做了整理，与账面收入进行抽查核对。诊断小组关注到家电公司在2022年的国庆节期间开展了一项进店有礼的活动，每天前十位进店的顾客，可以获得价值200元的微波炉一台，当天其他进店的顾客，可以1元购买一台价值30元的充电宝。

诊断小组通过调取10月的账套情况，发现价值200元的微波炉实际不含税采购成本为130元，充电宝的不含税采购成本为10元。账务处理是将微波炉和充电宝的成本均计入销售费用，与其对应的进项税额也进行了转出处理。而收取每台1元充电宝的款项，共计1 230元则全部冲减销售费用。

根据增值税的相关规定，单位或者个体工商户，将自产、委托加工或者购进的货物无偿赠送其他单位或者个人，将视同销售货物。单价200元的10台微波应当按2 000元的总售价计算销项税额，而并非按1 300元的成本作进项税额转出。另外，虽然1 230元充电宝的销售价明显低于成本价，但属于正常促销行为，并非为偷逃税款产生的不合理低价。所以，1 230元为充电宝的销售收入，并应以此计算销项税额。企业按12 300元的成本计算进项税额转出也是不正确的。

案例分析：折扣销售操作细节失误导致的税收风险

折扣是企业在促销过程中经常使用的销售政策之一，包括销售折扣、销售折让和现金折扣。三种折扣在财务处理、税款计算上都有着不同的规定，操作不当就会引发税收风险。

接"进店有礼"的礼品应该如何计算增值税的案例，诊断小组在家电公司的卖场进行三天的现场调查，还发现家电公司在2022年的8月实施了另外两个促销政策。

第一项政策是当天购买3件以上商品的客户享受九折优惠，购买5件以上的客户享受八折优惠。诊断小组通过查8月的销售台账，抽查相关的记账凭证，发现有三笔发票是按商品的原价开具，在发票的备注栏标明折扣的金额，同时有10笔未开具发票确认了未开票收入。在进行增值税纳税申报时，所有货物均按折扣后的金额计算增值税。

诊断小组根据《国家税务总局关于折扣额抵减增值税应税销售额问题通知》（国税函〔2010〕56号）规定："……未在同一张发票'金额'栏注明折扣额，而仅在发票的'备注'栏注明折扣额的，折扣额不得从销售额中减除。"对三笔在备注栏注明折扣额的发票少计算的增值税作出了风险提示。

第二项销售政策是一次性购买1 000万元以上的家电，10天内付款，给予总货款2%的现金折扣。在财务账面上，给予顾客的现金折扣最终冲减销售收入，并且未计提对应的增值税。

根据《国家税务总局关于确认企业所得税收入若干问题的通知》（国税函〔2008〕875号）第一条第五项规定："……债权人为鼓励债务人在规定的期限内付款而向债务人提供的债务扣除属于现金折扣，销售商品涉及现金折扣的，应当按扣除现金折扣前的金额确定销售商品收入金额，现金折扣在实际发生时作为财务费用扣除。……"诊断小组对现金折扣未计提增值税作出了风险提示。

第四章　销售业务中的税收诊断

企业通过销售商品、提供服务取得收入，并在不断获得盈利的情况下发展壮大。税款是企业在经营过程中必须支付的一种成本，而企业所承担的大部分税款是因销售业务产生的。

销售业务中形成的税收风险主要有三个维度：一是销售合同在签订时就留下税收隐患；二是销售收入时点把控不准确造成税收风险；三是销售收入不完整，存在账外收入。

第一节　销售合同的税收诊断

销售合同的签订意味着一项销售的经济活动正式开始了，但合同存在瑕疵也给企业埋下隐患。税款的实现往往是在经济活动结束时，一些企业的税收业务出了问题，才想到提前规划的必要性。

合同中有关涉税的条款应该在签订之前由相关财税人员进行把关，即便如此，销售合同的税收诊断仍然需要定期开展。

税收诊断方法与思路

在对销售合同开展税收诊断时，主要关注五个方面的内容，具体见表4-1。

表4-1　销售合同的税收诊断程序表

序号	项目	诊断方法	诊断证据	诊断结论
1	销售合同付款条件：收款时点是否列示明确并可执行	（1）查看所有销售合同清单，并按重要性原则进行抽样。 （2）抽查重要销售合同，查看收款条款并确定是否清晰适用。 （3）抽查已经执行的重要合同，实际收款时点与合同规定的时间是否相同		

续上表

序号	项目	诊断方法	诊断证据	诊断结论
2	销售合同发票条款：是否列明发票的品类及交付规则	（1）抽查重要销售合同，查看发票条款的内容。 （2）在已经完成的销售合同中，抽查重要合同对应的发票进行查看		
3	销售合同税款承担约定：税款是否列明承担（交纳）者及责任，是否确定税票的交付时点	抽查重要销售合同并查看税款约定条款，必要时可落实账面税款确认情况		
4	销售合同税率约定：未来税率政策变化对合同的影响，是否列示并对销售方有利	抽查重要销售合同，查看税率约定是否考虑全面		
5	出售给关联方的商品交易价格是否存在过低或过高的情况	（1）核实关联方名单。 （2）对关联方销售的合同价格进行比对，判断价格是否公允		

在执行销售合同的税收诊断时，了解企业的主要销售业务后，可以从金额较大的、新增客户及新产品等角度抽查重要合同。审查过的合同做好记录，对于风险不确定的内容可以寻求专家的帮助。销售合同的税收诊断表可以参考表 4-2。

表 4-2　销售合同的税收诊断表

序号	审查项目	合同号码	合同存在的问题	实际执行情况	说明
1	付款条件				
2	发票条款				
3	税款承担约定				
4	税率约定				

案例分析：合同中写错两个字可能引发大纠纷

一些企业在销售商品提供服务时，存在税款由采购方承担和缴纳的约定，但在合同中又未能列示清楚，甚至文字的表述不能正确阐明谈判的内容而给企业带来税收风险。

诊断小组在对某设备公司进行税收诊断工作时，看到企业为盘活资产，将部分空闲厂房对外出租，便抽取了部分房屋租赁合同进行重点审查。

诊断小组在抽查的租赁合同中发现关于税款的约定存在问题。租赁合同中约定与出租房产相关的所有税款由承租方负责缴纳。诊断小组立刻对参与该合同税款条款撰写的人员进行了询问。当事人提出，谈判时，承租方同意税款由其负责，也就是设备公司收的租金为不含税金额。

诊断小组将三条与该合同相关的税收风险明示给设备公司负责人。

（1）税款并不会因为交易合同中列明由承租方缴纳，设备公司的纳税义务人的身份转为承租方。与租金相关的增值税、房产税等的纳税义务人仍然为出租方的设备公司。如果承租方在规定时间内没有缴纳税款，税务机关有权对设备公司进行处罚。

（2）合同约定税款是由承租方缴纳，并未约定由承租方承担。缴纳与承担的概念完全不同。由于设备公司为纳税义务人，属于税款真正的承担者，且合同中未列明租金为不含税金额，所以承租方可以认为设备公司没有将税款交付承租方，而不履行缴纳税款的义务。

（3）合同中未约定承租方缴纳税款后，应在何时将税票交付设备公司，这也给设备公司留下税收隐患。

案例分析：税率政策性变动带来的合同涉税风险

增值税的税率不是一成不变的，增值税的税率由最初的17%降为16%，再降到现在的13%，未来的增值税税率还是会不断调整。销售合同的签订与履约期间发生了税率变化，而合同中关于税率的约定不合理，就会给销售双方带来纠纷和税收风险。

某地产公司在进行2022年度的税收诊断工作时，诊断小组对该公司的销售合同进行了抽查，在其签订的预售房合同中发现了其中的条款约定内容为"房价款总金额为135.70万元，税率为9%"。

诊断人员问到财务人员为什么这样约定？财务人员认为这样约定，既有总价款也有适用的税率，业主也能清楚明白价款和税款各为多少，彰显了公司的严谨和规范。

但显然这样的合同条款对于公司可能会埋下隐患。因为，从国家近十年来对增值税政策的调整看，增值税税率持续下调是趋势。目前，该公司的在建房产的建设周期较长，合同约定为2025年底交房，而这期间一旦税率下调，交房时可以给业主开具的增值税发票，税率也会下调，达不到合同约定的9%。那么已经收取的房款总价中包括的税款就相当于多收了，是不是要退还给业主呢?

对于合同中关于税率约定会造成的风险,诊断人员在诊断报告中有详细的描述,以帮助企业提前做好税务风险防范。

第二节 销售收入时点的税收诊断

销售业务从开始签订销售合同、预付款、出库、交付、验收、结算的整个过程,有的短则一两周,有的长达几年。其实,纳税时点发生在哪个阶段,在税法条文中是有一定规则的。实际销售过程中达到税法规定的纳税时点,企业就应当计提并缴纳相对应的税款。

税收诊断方法与思路

在对销售时点进行论断时要做好判断,缴纳时点提前会增加资金成本。但是如果存在非法滞后,则企业就会面临税收风险而导致企业更大的税收成本支出。

对销售时点开展税收诊断的程序,可参考表4-3。

表4-3 销售时点的税收诊断程序表

序号	诊断方法	诊断证据	诊断结论
1	向财务人员了解其日常收入确认时点,判断财务人员是否存在政策理解上的偏差		
2	收集财务和税务资料,包括财务报表、税务报表、销售合同、发票记录。抽取临近期末的出库单、发货单、签收单,追查其确认收入的时间,比较实际发货时间和收入确认时间的前后关系		
3	查看"预收账款""应收账款"贷方余额的客户,并追溯查看销售合同的交货日期和发货记录,查看是否已发货,是否达到销售收入确认时点		

一些企业的发货数量与营业成本、销售量与生产数量、运货量与发货量存在一定的钩稽关系,如果存在较大的偏差可以继续追查下去,也可以通过这样的核对发现应当确认销售收入的时点是否存在延迟或提前的情况。核对过程可参考表4-4。

表 4-4　销售时点的数据关联表

可比对项	销售情况		
	金额	数量	结论
销售发票			
发货单			
订单			
产品销售成本			
账面销售量			
商品生产量			
商品采购量			
运货部门记录的运货价值及数量			

案例分析：未真正销售但也发生漏缴税的问题

增值税对于代销业务的纳税时点规定比较特殊，超过180天的，即使没有收到代销清单及货款，无论该商品在代销点是否已经销售，都需要计算并缴纳增值税。所以对于销售周期很容易超过180天的商品，没有提前做好退货或者相关约定，就会引发税收风险。

诊断小组对某精密设备制造公司进行税收诊断，在与销售团队沟通时，了解到该公司的销售方式主要为自营销售和代销方式。诊断小组关注到该精密设备的销售周期一般会超过半年，所以对代销情况进行重点审核。

诊断小组查看账上委托代销商品款的金额高达5 000万元，随后选取了三个主要代销点，并索取代销合同、代销清单与结算的相关资料。在代销合同中，诊断小组发现代销的结算方式均为以代销方开具的销售清单作为结算款的依据，但对滞销商品并未规定如何处理。

通过对退货、换货资料的查证，企业实际操作时对于滞销的货物会退回。但具体退回的时间则没有具体规定，有的长达几年仍放置在代销点，期间也未换货或退回。

诊断人员询问财务人员，在代销商品中公司对超过半年的滞销货物是否计提了增值税。财务人员解释说计提增值税的依据是收到代销清单，凡是代销货物没有销售的，都没有计提过增值税。

诊断人员再次确定了滞销货物的数量和金额，根据"未收到代销清单及货款的,为发出代销货物满 180 天的当天"确认纳税时点的规定,认定企业面临近 400 万元的增值税纳税风险。

案例分析:通过核对仓库账簿发现了延迟纳税的证据

对于未收到货款的销售业务,一些企业总会认为在发出货物就确认收入,属于提前缴税。为延迟确认收入,往往会采取一些手段,但往往这样的操作也会给企业带来巨大的税收风险。

某集团公司在对其下属的饮料生产公司进行税收诊断工作。诊断人员在财务人员陪同下,了解该公司的生产模式。在考察产成品仓库时,刚好碰到物流公司的大货车正在装运货物。诊断人员向仓库保管员了解产品的销售、出库等管理情况。保管员介绍说公司的产品主要发往各大超市、商店、学校食堂等,每次都是根据出库数量登记销售台账,结算货款也根据台账记录内容。同时每次出库都会有一份出库单给财务部门,会计人员也是根据出库单据和台账进行账务处理。

诊断人员随即将抽查的出库单与财务确认的成本进行核对,发现两者之间记载的金额有很大的差距。诊断人员抽取了金额较大的五个主要客户进行了逐笔核对,并索取了与客户签订的合同和发货清单。

面对数据的差异,财务人员解释道,财务做账是根据收款情况或者开发票情况进行产品出库的记载。也就是说,货物发出时,虽然仓库进行了登记,并且将发货单提交财务部门,但是财务部门只有在确定能够收款或者开具发票时才确认收入。

财务人员的做法违反了税法"采取赊销和分期收款方式销售货物,为书面合同约定的收款日期的当天,无书面合同的或者书面合同没有约定收款日期的,为货物发出的当天"的规定。财务人员以合同没有约定具体收款日期为由没有结转成本,该公司的这种确认方式无疑增加了企业的税收风险。

第三节 销售收入不完整的税收诊断

应确认收入而未确认销售的情况,大多数发生在为了减少纳税的主观行为上。而一些主观故意不确认收入的行为,既简单粗暴,又明显公开,在税收诊断过程中很容易被识别出来。

账外收入的税收诊断方法

企业将已经实现的销售业务不进行确认收入的处理,通常称为账外收入。对于账外收入的税收诊断方法有很多,但都需要事先对企业的实际经营情况做好调查。

在了解企业的经营范围、行业地位及市场情况后,最为常见的方法是通过毛利率的对比,发现异常,通常有以下几种对比的方法。

(1) 将本期的收入、成本(主营业务成本、其他业务成本)与上期的收入、成本(主营业务成本、其他业务成本)进行比较,分析产品销售的结构和价格变动是否异常,并分析异常变动的原因。

(2) 计算本期重要产品的毛利率,且与上期比较,检查是否存在异常,各期之间是否存在重大波动。

(3) 比较本期各月各类收入、成本(主营业务成本、其他业务成本)的波动情况,分析其变动趋势是否正常,是否符合季节性原因等。

(4) 是否存在销售负毛利的产品,并详查具体原因,分析是否属于正常现象。

通过毛利率的分析后,可以根据分析结果实施更为具体的核查手段。比如某企业的销售对象主要为不需要发票的自然人,且每个月的销售毛利存在较大的波动,具体措施可参考表4-5。

表4-5 账外收入核查手段

序号	诊断手段	诊断证据	诊断结论
1	监盘往来账: (1) 询问股东等关联方个人,其银行卡是否在出纳及其他财务人员手中的情况; (2) 查看现金日记账并关注往来账户中个人挂账部分,是否用单位收入的现金以个人名义存入储蓄账户(即公款私存)		
2	监盘库存现金: (1) 将盘点金额与账面余额进行核对,若有充抵库存现金的借条、未提现支票、未报销的原始凭证,需核实单据的真实及合理性,关注是否有账外资金收付的迹象; (2) 核实是否有白条抵库的现象		

续上表

序号	诊断手段	诊断证据	诊断结论
3	核对银行对账单、银行余额调节表核实银行对账单明细： （1）是否存在"一进一出"未做账的情况； （2）是否存在银行存款有与个人往来交易的情况，是否使用银行账户代替其他单位和个人存入或支取现金		
4	存货抽盘： （1）企业存货过大，且逐年增加，是否为非税收行为的存货积压，是否存在账外收入导致的库存无法消化； （2）实地考察是否存在下脚料、废料、废品、废弃包装物等，企业对于废品及下脚料的内部规定，企业处理这些物资的方式，查看营业外收入、其他业务收入等相关科目是否确认收入		

案例分析：废料残次品隐藏的税收风险

生产制造企业在生产加工产品时，会出现残次品及废料、下脚料的情况，在处理这些废料和下脚料时，收取的款项也应属于收入的范畴，不但要计算增值税，对企业所得税也会有影响。

某集团公司聘请会计师事务所的王主任担任税收诊断小组组长，对下属机械设备公司开展税收诊断。王主任收集了机械设备公司连续三年的财务数据，对毛利率、产品产出率、能耗比进行比较后发现，收入呈逐年增长的趋势，但毛利率逐年下降，产品产出率下降、能耗比出现了增加的情况。

财务人员并未发现这个问题，便找来生产部长。生产部长解释的理由是，近两年公司的老工人都退休了，新手多导致残次品和废料特别多，企业损失很大。王主任立刻追问，那废料和残次品都是怎么处理的，生产部长支支吾吾，没作正面回答。

财务人员向王主任解释说，并未收到废料处理的款项。王主任便让财务人员带领，实地察看废料的处理情况。果然在车间外面的场地发现了大量的废料，而正好有车辆正在装运废料。王主任通过与司机的攀谈，了解到这辆车每个月都会来拉两次废料，送往另外一家企业。司机一句"今天这车比较值钱"的话引起王主任的关注。

在与机械设备公司的经理沟通后，经理承认近两年处理废料的款项均未确认收入。根据公司提供的废料记录本，仅当年度出售废料的价值就达到100万元。

案例分析：往来款里的小秘密引发税收风险

在客户不需要发票的销售或服务业务中，有些企业会暂时将这部分收入隐匿起来，或者直接冲减无法取得发票的支出，或者长期挂账。但是这样的操作也会给企业带来税收隐患，被举报或被税务系统预警的情况时有发生。

某集团公司对其下属的酒店公司进行税收诊断，该酒店主营住宿、餐饮、歌舞厅、卡拉OK及出租等业务。诊断小组在对其进行实地考察时了解到，该酒店经营的所有业务都在一栋大楼，该楼共计20层，1楼至5楼经营餐饮业务，6楼主要是歌舞厅及游戏厅，7楼是该酒店的办公场所，8楼到20楼经营住宿业务。

诊断人员在对账面的营业收入构成进行分析时发现，账上并没有记载游戏厅的收入。同时，诊断人员在核查往来款项的明细科目，进行详细审查时发现公司"其他应付款——游戏"的余额近60万元，贷方累计发生额为80余万元，借方发生额为30余万元。诊断人中逐笔审查贷方发生额，主要都是现金收款直接记录在该科目中，借方的发生额则是购买的水果、零食等福利性支出。诊断小组同时还发现"其他应付款——8楼704"的贷方余额约25万元，发生额也为现金收款形成，而原始凭证中的业务内容仅写明"收款"。通过财务人员的解释，"其他应付款——游戏"就是当年收取的6楼游戏厅的收入，并列支游戏厅客人要求购买的水果零食支出。"其他应付款——8楼704"则是8楼704被客人长期包房的租金收入。这两笔业务均未按规定确认收入，涉及增值税与企业所得税等税款近10万元。

案例分析：现金管理中的大秘密

出纳岗位能够接触到企业所有的现金流水，而这个岗位的会计人员大多经验不足。所以突击盘点现金，是调查企业是否存在账外收入最有效的手段之一。

某集团公司聘请会计师事务所的王慧娟主任带领诊断小组，对下属建筑公司开展全面的税收诊断工作。与财务人员简单沟通过后，王主任便对出纳管理的现金进行突击盘点。

盘点时，出纳有意识地将几本收据往抽屉里面推引起王主任的关注，出纳解释说这几本收据与公司业务无关。但是王主任依然要求出纳人员提供。除此之外，在出纳的保险柜里还发现一张写有办公室主任名字的银行卡。

经过核对，这几本收据全部都与建筑公司的业务相关，并且所有的款项均存入到这张办公室主任名字的银行卡中，累计金额将近100万元。王主任向财务总监和总经理求证后，确定这笔账外的小金库均未缴纳税款。本以为集团这次开展的税收诊断工作都是形式主义，没想到竟然盘点出纳的现金。

王主任向总经理介绍说，税务稽查人员也会采用盘点现金的手段，来调查企业的账外收入情况，账外小金库很容易遭到出纳或者其他人员举报，从而引发企业的税收风险。

案例分析：银行流水引出账外案

企业的销售收款大多需要通过银行来收取款项。收取的款项不确认为收入，不计提税金可以通过账务核算来操作，但是改变银行流水是很难做到的。

所以核对企业的银行对账单，是调查企业是否存在账外收入非常有效的办法之一，尤其是对银行流水并不多的企业比较合适。但对于银行业务较多的企业，这种方法的工作量太大，就不太适用了。

某集团公司对下属建筑公司开展全面的税收诊断工作。在进行年度税收诊断工作时，诊断人员按照其正常的审计流程索取了该公司所有银行账户的对账单，对金额较大的流水进行抽查。

诊断人员在核对中，发现有几笔金额当天转入立刻又转出的情况，且均未在银行日记账中查到这几笔的记录。诊断人员向财务人员了解这笔钱的来源、去向和汇入账号的相关信息。财务人员无法说明情况，推说是总经理的安排。

经过了解，这几笔都是从客户收取的装修收入，但由于对方不要发票，钱到账后就立即转入总经理指定的个人账户里。目的是逃避缴纳税款。经过核对，仅2022年就有将近300万元的收入转入了个人账户，成为企业的账外收入。

第五章　采购业务中的税收诊断

在采购业务的税收诊断中，最核心的内容就是看企业能否及时取得合法的票据，这将影响增值税及附加税费、企业所得税、土地增值税、印花税等税款的缴纳。

采购业务的税收风险主要有三个维度：一是采购合同中与税款相关的条款是否存在税收风险；二是采购的成本是否是真实的；三是采购业务是否与企业形成的收入有相关性，以及取得的票据是否合法。

第一节　采购合同的税收诊断

采购合同的税收诊断是企业采购业务税收风险管理中最重要的环节。合同的签订作为采购业务链条的第一个环节，涉税条款的内容出现问题，就会给企业是否及时取得合法的发票带来不确定性。

税收诊断方法与思路

在对采购合同开展税收诊断时，应重点抽查与新供应商签订的合同，供应商占主导地位的合同也属于重点抽查的范畴，具体诊断可参考表5-1。

表 5-1　采购合同的税收诊断程序表

序号	项目	诊断方法	诊断证据	论断结论
1	付款条件：付款时点是否列示明确并可执行	（1）查看采购合同清单，并按重要性原则进行抽样。（2）可以从金融较大的、新增供应商和新产品、新服务等角度抽查重要合同，查看付款条款并确定是否清晰适用。		
2	发票条款：是否列明发票的品类及交付办法			

续上表

序号	项目	诊断方法	诊断证据	论断结论
3	税款承担约定：税款是否列明承担（缴纳）者及责任，是否确定税票的交付时点	（3）抽查已经执行的重要合同，实际付款时点与合同规定的时间是否相同，以及所有涉税条款的表述是否完善		
4	税率约定：未来税率政策变化对合同的影响，是否列示并对采购方有利			
5	金额约定：是否明确不含税与含税金额各为多少			
6	关联方之间的定价原则是否公允，是否存在转移定价。相关审批流程是否齐全	落实关联方名单，并对关联方采购的合同价格进行比对检查，确定价格是否公允，相关付款审批等手续是否齐全		
7	混合业务在合同中的约定是否有利采购方获得合规的发票	查看合同条款，是否从高适用税率，条款对采购是否有利		

案例分析：采购方承担税款的合同隐患

采购交易中形成的税款，纳税义务人主要为销售方。但在一些采购业务中，采购方为了获得更低的价格或者处于谈判的劣势方，都有可能在合同谈判中成为税款的承担者。

这种操作如果导致税款少交，不但使得采购方无法获得满额交易的发票，也容易导致税收风险的产生。

某设备生产公司聘请税务师事务所的业务负责人王经理作为公司此次税收诊断的负责人。按照诊断流程，诊断小组分别从主要原材料、大额辅料、重大劳务服务合同中各抽取了5份合同进行审查。

诊断小组发现其中有一份价格为20万元的商务咨询合同存在问题。合同中约定的不含税价格为200 000元，同时还约定由设备生产公司承担与该合同相关的税款。这笔业务显然与其他交易的形式不一样，这是唯一一份与其他采购不同的合同。在此之前，诊断小组也并未发现该企业存在由采购方承担税款的情况。

由于该合同从综合业务部抽取，王经理立刻与综合业务部的部长进行了沟通。综合业务部的部长告诉诊断人员，这项业务是因为合同当事方介绍了一个大项目，并担任了该项目的场外指导，所以这笔咨询费是给这位合同当事方的。由于合同当事方是自然人，无法取得发票，所以合同约定税款由公司这边承担。

财务部门也向诊断人员说明该合同已经履行完毕，由于合同约定设备公司承担这笔税款，且并不清楚如何办理代扣税款的手续，因此一直无法取得发票，支出的款项一直挂在其他应收款该合同当事方名下。

设备生产公司的这种做法，显然不妥。不但导致企业所得税税前列支的费用无法正常列支外，还有可能成为合同当事方偷逃税款的帮凶。王经理向财务人员解释，虽然合同约定设备生产公司是税款承担者，但改变不了合同当事方是纳税义务人的法律规则。所以及时要求合同当事方配合到税务局代开发票，才是避免税收风险的正确做法。

案例分析：没有发票交付的合同条款后果很严重

采购合同的条款中如果没有约定发票交付的内容，有可能会给企业取得发票带来严重后果。因为在没有发票交付约定的合同中，销售方不交付发票不属于违约行为。但未取得发票而拒绝付款的采购方，则会因为不付款而被法院强制执行。

诊断小组在对某集团公司的子公司进行税收诊断工作时，发现该子公司成立三年，从未开展过税收诊断，便把合同诊断纳入重点诊断范畴。

在进行采购合同的涉税诊断时，诊断小组发现该公司所有的采购合同中只约定了购买的金额、数量及付款的时间等，对于与发票相关的条款，并没有在合同中明确约定。

诊断小组立即与财务经理沟通，了解实际执行情况。财务经理介绍说，虽然合同没有列明发票交付事宜。但到目前为止，还未出现与销售方产生与发票相关的纠纷，而且公司此前的合同一直都是这样签订的，也没出现什么问题。

此时诊断小组成员注意到，财务有一位会计正在打电话与供应商之一的某钢材公司索要发票。财务经理立刻解释说，因为钢材型号存在问题，公司目前与这个钢材公司供应商产生了一些矛盾，后期的款项不想支付了。由于之前付款没有收到发票，所以现在正在追讨发票。

诊断小组的吴组长认为财务经理似乎并没有意识到，采购合同不约定发票交付时点的严重性，便向其讲述了之前遇到的案件。

"某企业与其供应商签订了100万元的合同，但合同中也未约定关于发票交付的相应条款。后来两家因为货物质量问题对簿公堂。法院最终裁定该企业支付对方90万元货款。但该企业因供应商不开发票为由迟迟不支付货款，最终法院强制执行将款项直接划给供应商。

但供应商赌气仍拒绝为其开具发票，无奈企业只能向税务局举报其偷税。但随同税务机关的工作人员来到供应商财务部门索要发票时，供应商拿出已经开具好的发票，向税务机关证明自己没有偷税漏税行为。但供应商仍然未将发票交付该企业，而是当场将发票撕毁扔进废纸筒。虽然此行为会受到税务机关处罚但对索要发票的企业也是件棘手的事。

此时财务经理才意识问题的严重性，同意对尚未执行完毕的采购合同进行发票条款的补充。

第二节　采购成本真实性的税收诊断

为生产符合条件的产品或者提供良好的服务，企业需要采购合适的材料或服务。从税收角度看，如果采购行为仅仅是为了获取可以用于抵扣税金的票据，并无真实的采购业务，那么虚假采购获得的票据是不能用于抵税的。如果该行为是主观恶意的，企业还要承担相应的法律责任。

税收诊断方法与思路

在对采购业务的真实性进行诊断时，了解行业是第一步。如果这是一个高毛利、人工占比比较高或者采购端获取发票较难的行业，被诊断的公司对税收成本的关注度就是很高，取得虚假成本的可能性也会增加。

诊断人员还可以通过调查生产规模与资产规模是否匹配、产能是否存在波动、资产利用率是否过低、用工成本是否过高等情况，来推断企业是否存在虚增成本、调节税金的行为；发现采购成本疑点后，具体诊断可参考表5-2。

表 5-2　成本真实性的税收诊断程序表

序号	项目	诊断方法	诊断证据	论断结论
1	是否存在聘请异地公司提供金额较大，以及频繁的服务业务	（1）从管理费用、销售费用和制造费用中对大额或大量的服务性支出进行核查。 （2）对不采用当地企业提供服务的项目进行重点关注，可向经办人、受益人等进行询问，并查证获取服务的效果，验证业务的真实性		
2	是否出现可通过银行支付，但采取大量现金支付的情况	重点查看现金支出明细账，对大额支付项目重点关注。查看原始凭证、合同等资料进行核实真实性，以及调查必须使用现金的原因		
3	存货账实不符的情况是否严重	对存货进行抽查，并与账面进行核对。 （1）对应付账款余额过大的业务进行梳理，重点关注超过半年的挂账和暂估款挂账。通过与供应商对账单核对法，确认应付账款金额的准确性。对于暂估挂账，检查暂估入账的依据是否充分，暂估金额是否合理，后续冲账是否及时准确。 （2）对重要的存货项目和重大金额的存货进行实地抽盘。在抽盘过程中，不仅要核对数量，还要检查存货的质量状态，注意有无过期、失效、毁损等情况。若发现盘点记录与实际不符，需要进一步调查原因。 （3）分析存货余额与应付账款余额之间的关系，判断是否存在严重不配比的情况。若发现两者不匹配，需要深入调查是否存在虚构存货、虚增应付账款或隐瞒销售等问题。 （4）结合企业的生产流程和工艺，分析存货的投入产出比是否合理。若投入产出比异常，可能暗示存货账实不符或应付账款核算存在问题。 （5）涉及农产品收购的，应对收购单据、电话进行核查。必要时可实地走访，了解收购业务的真实情况		

对增值税税负进行行业和上年同期本企业数据的比对，如发现增值税税负异常，在确定销售收入并无异常后，可核查进项税额的发生情况。重点核查采购业务是否存在取得他人虚开发票的情况，具体诊断可参考表 5-3。

表 5-3 取得虚开发票税收风险诊断程序表

序号	诊断方法	诊断证据	论断结论
1	对采购发票明细进行分析汇总，核查应取得增值税专用发票而未取得，并了解未能取得的原因		
2	抽查重大采购业务、细查非经常性重大采购业务的会计凭证、合同，是否存在"四流"（发票流、合同流、资金流、货物流）不一致的情况，并查明是否为合理现象		
3	涉及可以开具农副产品收购发票的企业，应抽查一定数量的发票，并拨打发票中记载的电话进行核实		
4	增值税存在长期留抵税额，调查形成留抵税额的原因，决定是否进一步核实发票取得情况		

案例分析：异地购买服务牵出虚假业务

杭州某服装生产公司在进行年度税收诊断工作时，诊断小组发现公司有大量外地购买服务的支出。经过对会计凭证详细的审查，发现这些服务的发票全部来自上海某区。发票的开票内容主要为设计费、咨询费、劳务费等，发票的金额多是 5 万元至 7 万元。

诊断小组经过市场调查，发现设计费与咨询费的价格，就是当地聘请设计师和咨询师的价格。而这个价格从上海聘请设计师不太符合常理，这引起了诊断人员的高度重视。

财务人员对此的解释是，发票都是设计部门提供的，并且经过了领导审核签字，与合同约定相符，也遵守企业报销流程。诊断负责人却并未相信财务人员的说辞，在盘点设计部门的资产时，顺便找机会与其中一个设计师进行了沟通。聊天中设计师矢口否认聘请过上海的设计师，并介绍公司所有的设计都是由自己的设计部门完成。

诊断人员拿到证据，再次询问财务部门负责人时，财务部门负责人才承认，公司很多采购业务没有办法取得发票，因此听人介绍从上海购买了一些发票。

至此，诊断人员明确这就是一起非法代开发票的行为。这不但突破了公司的底线，而且还是一次由财务人员参与的知法犯法行为，这将给企业带来的不仅仅是经济上的损失，还有可能让企业的负责人面临刑事责任。

案例分析：现金交易引出虚开发票的真实交易

一些人认为只要有真实的交易行为，即使从其他单位取得增值税专用发票，就不属于虚开增值税发票的行为。目的是希望取得看似合法的票据，不但可以作为进项税额发票抵扣增值税，还可以再在企业所得税前列支。

但是税收相关法律法规规定，无论是自己为他人虚开，还是找他人虚开增值税专用发票都属于虚开增值税发票的违法行为。虚开增值税发票的违法行为还包括开具"大头小尾"的增值税专用发票；开票方与受票方在无贸易背景的前提下，互相为对方虚开增值税专用发票；作为第三方介绍他人虚开增值税专用发票的行为等。

在对某器材公司进行税收诊断工作时，诊断小组通过该公司的现金日记账发现，公司有几笔超过50万元的大额现金付款的行为。在小商小贩都在使用电子支付的当今社会，一个正常经营的公司还会用现金交易，这引起诊断人员的高度关注。

财务人员的解释是，现在原材料持续涨价，有些低价原材料对方就只要现金。财务人员虽然作出了看似合理的回答，但诊断人员明白这只是财务人员的搪塞。

诊断人员决定深入调查这几笔大额现金支出。其中有一笔50万元的大额现金支出显示，某个自然人供应商收到该款项。公司购买的是一批铁制品，但其后所附取得发票却是某钢材公司开具的增值税专用发票。该发票已经正常抵扣了增值税进项税额。

财务人员对此的解释则是，卖铁制品的这个人有在钢材公司工作人员的亲戚，所以找钢材公司给代开的发票。财务人员表示这样开发票确实有涉税风险，但也拿不出更好的建议，且总经理亲自批准。

诊断人员随即向总经理提供虚开增值税发票后果的相关法律文件，明确此行为存在的涉税风险。如果代开发票不是真实业务，总经理和财务人员面临的不仅仅是补缴税款和罚款，还要承担刑事责任。

第三节 成本相关性与合法性的税收诊断

在增值税、企业所得税、土地增值税这三类税种的计算中，对采购发票的要求都有着明确的规定。所以采购业务是否与取得销售收入相关，以及取得的发票是否合法，是采购业务诊断中最为关注的内容之一。

税收诊断方法与思路

虽然有些采购业务是真实发生的，但采购的材料却与销售的商品或者对外提供的服务完全没有关系，那么这种行为被称为成本与收入不相关，这样的成本是不能用于抵扣税款的。

即使采购的材料是真实并且相关的，但未能取得合法的票据，或者取得的票据不符合税法的规定，那么这样的成本也是不能用于抵扣税款的。

诊断人员还可以通过调查生产规模与资产规模是否匹配，产能是否存在波动，资产利用率是否过低、用工成本过高等情况，来推断企业是否存在虚增成本，调节税金的可能性；发现采购成本疑点后，具体诊断可参考表5-4。

表5-4 成本相关性与合法性的税收诊断程序表

序号	项目	诊断方法	诊断证据	论断结论
1	是否出现大量非本企业户头的发票	选取业务量较大的月份，详查所有成本费用的会计凭证，查看发票户头是否为本企业户头		
2	是否存在与生产经营无关的采购业务	（1）开票项目与实际经营范围严重不符，商贸公司进货、销售业务严重背离（如大量购进手机、销售的却是钢材）。 （2）查看进销存明细表或账簿。 （3）取得进货发票明细和销货发票明细进行比对核实		
3	易货业务无法取得发票	（1）通过与企业相关人员沟通，了解企业是否存在一些无法取得发票的情况，以及企业采取了哪些办法来解决这些问题。 （2）查看预付账款、其他应收款等科目，检查是否存在长期大量挂账的供应商		
4	是否存在支出无法取得发票的其他情况			

案例分析：解释不了用途的购进柴油是真实业务吗

在对企业成本的相关性审查中，常用的手段就是核对已经抵扣的增值税专用发票中列明的商品名称，是否与企业实际经营的产品正相关。这就需要诊断人员具备生产经营的常识，不能仅仅以票据是真实的来作为唯一的判断标准。

比如一个生产服装的企业，采购真丝原料或者棉麻原料都是正常的，但是如果购买的是大量木材和纸张就不正常；对只消耗汽油的汽车，企业购置大量柴油就不正常；一个以电镀为主业的加工厂，大量购置汽油就不正常。

某设备公司在税收诊断工作中，聘请了专业的税收诊断专家孙主任担任此次的税收诊断负责人。孙主任将进项税额抵扣的所有采购商品做了归集分析，并重点分析了排名抵扣额度在前80%的商品。

在分析中，孙主任发现柴油的购买量占了5%左右，但回忆起车间的各种生产加工场景，完全想不起在哪个环节会使用到柴油。孙主任为防止判断有误，又查看了公司的固定资产卡片，账上确实有几辆车。在仔细查看了工作人员向诊断小组提报的车辆明细表后，孙主任的怀疑没有被打消，因为所有的车辆使用的都是汽油。

孙主任再次向车间主任询问生产过程是否需要使用柴油，得到的仍是不需要柴油的答复。在掌握了大量证据后，孙主任直接向财务人员询问柴油发票的由来。财务人员称其只负责按单据做账，对柴油发票的事情并不清楚。

在总经理这里，孙主任得到了最终的答案。企业低价购买的原材料无法取得发票，最后对方提供了相同金额的柴油发票。由于增值税专用发票在税务系统均有登记，一旦税务系统进行数据比对，被发现虚开发票的可能性很大，这无疑增加了企业的涉税风险。

案例分析：顶账货物如何开具发票困扰财务人员

企业在经营过程中遇到交易对方无现金支付货款，最终采用以货顶账的情况时有发生。一些企业在交易中的地位不平等，无法说服对方及时开具发票。也有些企业需要等待顶抵的货物可以变现时，再申请开具发票。

由于企业无法确定抵顶的货物何时能够变现，往往担心没有足够的货币资金支付的人工开支和税款，会采取延迟开具发票以达到延期纳税的目的，这也给企业带来一定的税收风险。

比如房地产公司不能及时支付建筑公司建设工程款，就会用尚未销售的房产来抵顶工程款。由于建筑公司取得的房产必须销售后，才有资金支付建筑工人工资和税款等，而建筑工人的工资难以拖欠，所以往往采用延迟开票的方式，延迟确认已经实现的销售收入。

某设备公司主营设备的生产与制造，在对上年度税收开展诊断工作时，为了降低企业的税收风险，聘请了税收专家作为此次税收诊断的负责人。

诊断小组对企业的生产车间进行抽查盘点时，发现车间内堆放了大量的条形钢材。诊断小组发现企业的主要原材料并非这种条形钢材，于是便询问车间工作人员，这些钢材是干什么用的，为何购买这种条形钢材堆放在车间。

车间人员很无奈地解释：这些钢材是顶账回来的，到现在也没入材料库，材料库也无法存放这些条形钢材，就一直放在了车间。诊断人员发现不仅仅在车间里面堆放钢材，在车间的门口也堆放了一些钢材。预估这些钢材的价值能达到300万元。

诊断小组人员在查看财务账时，特意对该批钢材的入账情况进行了查证，翻看了该公司的生产成本明细账、原材料明细账、库存商品明细账均未发现公司有购买钢材的相关记录。

诊断小组组长将车间堆放了大量钢材，但未发现钢材入账的情况与财务负责人沟通。财务负责人解释这些钢材是顶账形成的，账面对于销售已经确认了收入，所以应收某客户账款400万元，其实就是这批价值仅值300万元的钢材。

由于该客户处于停产状态，很难收回货款。为了止损，设备公司雇用运输车辆将该客户车间的条形钢材给拉了回来。财务负责人继续解释，由于客户不给这批钢材开具发票，这批钢材也就无法入账。

公司虽然没有延迟确认收入的税收问题，但由于未取得钢材的发票，也导致没有合理合法的会计凭证确认钢材的成本，未来将给钢材的处置带来税收成本的增加。

案例分析：核查长期挂账的应付账款发现虚开发票线索

由于取得的虚开发票是无法向对方支付全部票面金额，所以长期挂账无法支付的应付账款成为发现虚开发票的线索之一。有些企业与虚开发票的单位约定全款支付后，对方扣除手续费后将余款转入企业指定的账户。这种做法企业不但要冒着向虚开发票的单位转移资金的风险，并且指定账户的钱如何回流企业又成了下一个难以解决的问题。

某制造公司正在进行税收诊断工作。诊断人员对该公司的往来款明细及账龄进行分析时，发现该公司有几笔应付账款账龄的时间在3年以上，自从发生了第一笔付款后，就再没有与这几家供应商发生过支付行为，并且支付的货款金额占全部货款的9%。

通过查看该公司的会计凭证，发现这几家供应商都是从事废旧物资收购的公司。是什么样的收购公司，对于这么长时间的大额度欠款竟然可以一直不要钱，这引起了诊断人员的高度重视。

制造公司的原材料确实是需要使用大量的废旧钢材，那么这几项废旧物资收购的业务到底是不是真实的呢？诊断人员决定一方面从仓库的收发资料处查找线索，一方面安排人员去这几家废旧物资收购公司处了解情况。

诊断人员在突击询查仓库保管员时，发现桌子的抽屉里放了一本手工保管账。诊断人员知道，企业有进销存的软件系统，手工保管账记的内容一定存在问题。随后仓库保管员解释说，这套手工保管账是根据财务部门的要求填写的，而系统上记录的是真实业务。

原来企业实际购买的废铁，是通过负责处理某上市公司下脚料的钱某，利用上市公司下脚料处理的漏洞低价收购的，因此也无法取得该上市公司开具的增值税专用发票。为了抵扣增值税，并且能够在企业所得税前列支，企业的采购人员又通过废旧物资公司购买了9%手续费的增值税专用发票。

财务部门在总经理的授意下，指示仓库人员将购买方改为废旧物资公司，另外做了一本用于应付检查的手工保管账。但是由于资金流水无法作假，最终这笔不合法的发票还是被诊断人员发现了。

第六章　人力成本管理中的税收诊断

在企业各种成本的构成中，人力成本是非常重要的组成部分。与人力成本相关的税收种类也比较多，发放给员工的工资、福利等均需要代扣个人所得税，人工成本又可以在企业所得税税前列支，而工资又影响社会保险金的缴纳。

第一节　老板薪酬的税收诊断

个别企业是由老板一手建立的，"我的企业就是我的，我想怎么拿钱就怎么拿钱"的思想观念，影响了一些老板对于自己与企业之间法律关系的判断。而这种错误的观点，也让老板们在管理企业时，出现个人资产与企业资产混同的现象。

老板随意从企业拿钱的行为，导致企业无法准确计算企业所得税，也容易造成个人所得税计算的偏差。通过税收诊断可以及时帮助老板理解企业与个人的税收及法律关系。

税收诊断方法与思路

在股东比较单一或者夫妻、父子为股东的家族企业，企业的创始人往往并不在意是否以工资的形式从企业获得报酬。这正是开展人力成本诊断工作非常重要的一项内容。

不正常发放工资，说明老板会有其他个人收入来源的渠道，那么老板的个人消费与个人所得税是否匹配将是诊断工作开展的重点。如果发放了工资，还要关注发放的金额是否合理，具体诊断的方法可参考表6-1。

表 6-1 老板薪酬的税收诊断程序表

序号	项目	诊断方法	诊断证据	诊断结论
1	老板是否在公司领取工资、奖金，发放金额是否合理，是否存在与个人消费明显不匹配且无合理解释的收入	（1）查看工资单，是否存在老板取得的工资、奖金数额是否存在与个人消费混淆的情况。 （2）查看工资单，了解老板近亲属领取薪酬的情况，对明显存在不合理的部分（如超过70岁的父亲）的情况进行记录		
2	老板是否通过其他渠道从公司取走资金，且是否合理合法	（1）查看往来账款中与老板、家属、子女、配偶和近亲属相关的明细与余额，关注个人借款长期不还的情况。 （2）若现金余额较大，突击盘点现金，关注白条抵库和公款私存情况，同时关注老板个人银行卡借给公司使用情况。 （3）关注老板银行流水与公司账户交易情况（银行仅限制法定代表人与公司账户的交易）。 （4）关注管理费用及销售费用中的与个人消费品相关的支出，检查是否存在列支老板个人家庭支出的情况		
3	老板的个人所得税缴纳是否与个人消费水平明显不匹配	查看老板的个人所得税代扣代缴情况，必要时直接了解其个人所得税汇算清缴情况		

案例分析：不给老板发工资的利害关系

个别企业老板存在"公司即我，我即公司"的想法，会导致企业与老板个人资产、资金混同的现象发生。是否给老板发工资是判断企业合规、家企分离非常重要的一个手段，尤其是对股东单一、股东为夫妻或父子等企业，这项诊断工作还是非常有必要的。

永然税务师事务所受李总委托，派出诊断小组对其投资的通信器材公司进行税收诊断。诊断小组在了解公司的股东是李总夫妻，而李总的夫人平时在家照顾孩子并不在公司工作后，决定将李总的个人所得税作为重大诊断关注点。

在审查过程中，诊断小组发现公司并没有代扣代缴李总的个人所得税，在工资单中也未查到给李总发放工资。诊断人员利用午餐的机会，与财务人员聊起李总成立设计公司的历史和李总个人的消费情况。

原来，李总最早就是开了个店卖手机、电话等通信器材。但如果想拿到一些手机的独家代理权，就必须成立公司。所以听从律师的建议，以夫妻两人的身份成立的公司，有了代理权，获得利润也比之前高了。公司也就越做越大，后来又在各区县开了很多分公司。但除此之外，李总并未投资其他的公司。

而说到李总的座驾和狗，财务人员则滔滔不绝。从这些蛛丝马迹中诊断人员判断，李总的个人消费不低，但未通过发放工资这一正规渠道从企业取得个人收入。那么李总有可能直接套取了企业的账外收入，或者从公司变相取款，而这些行为都会造成企业少交增值税、企业所得税和未代扣个人所得税。

诊断人员立即查看公司近三年利润及分配情况，发现企业的未分配利润和盈余公积高达1 000余万元，却始终未分过红。而在其他应收款中发现李总夫人的借款高达900多万元。在其他应付款中欠付一家公司高达3 000万元，财务人员也无法说明原因。通过国家企业信用信息公示系统查询，诊断人员却发现这家公司已经注销两年。

根据这些疑点，诊断人员与李总进行了深度沟通。李总惊奇地发现，仅仅是自己没有在公司领工资，就引发了诊断人员的猜疑，继而深挖出企业更多的涉税线索。

案例分析：老板长期欠款引发税收风险

股东若想分红，需要缴纳20%的个人所得税方可获得利益回报。一些股东为了逃避纳税，通过向公司借款等方式，达到长期占用企业资金的目的。

在《关于规范个人投资者个人所得税征收管理的通知》（财税〔2003〕158号）文件中，财政部、国家税务总局明确规定了个人投资者从其投资企业中借款，纳税年度终了未归还并且并非用于企业生产经营，则借款视同红利分配。这一政策的发布，从一定程度上杜绝了企业利用借款变相分红逃避税款的问题。

诊断小组在对某建筑公司进行税收诊断业务时，发现公司往来款明细中的其他应收款账上有老板欠公司760万元的借款。老板长期欠公司的款项，且数额不断增加，期间并没有归还过的记录。

诊断人员询问财务人员，其他应收款账上有老板欠公司的借款，为何积累了这么多余额。财务人员的解释是，老板平时没钱了就会从公司拿钱，以前连借条都不打。公司的现金余额积累得越来越多，现在财务人员每隔一段时间就会让老板集中打一张借条，财务人员将原来沉淀在现金账的借款转入其他应收款。至于用途，老板没有解释，财务人员也不方便询问。

诊断人员查看发生额时，发现有一笔 350 万元大额借款的时间是 2022 年 8 月，又回忆和老板沟通时，老板曾说过在 2022 年下半年买过一栋别墅，于是再次向财务人员验证。

财务人员承认，这一笔确实是当年老板家里买房时从公司拿的钱，而其他的借款也很难证明其与公司实际经营活动相关。并且老板是公司唯一的股东，这笔借款已经符合视同分红的税收政策。

诊断人员在诊断报告中详细描述了该笔款项在年度终了未归还，存在个人所得税少缴的问题，并且由于公司没有代扣税款还会面临税务部门的罚款。

第二节　人工成本与薪酬的税收诊断

企业的人工成本越多，可以税前抵扣的额度就越高，但同时个人所得税及社会保险金也会增加。所以企业想同时降低企业所得税、个人所得税和社会保险金的前提下，往往会产生矛盾的数据。

而人工成本不仅包括员工薪酬还包括不在职受雇人员的劳务成本，对于支付的劳务成本虽然不涉及社会保险金，但也需要代扣个人所得税。

税收诊断方法与思路

对于劳动密集型企业、部分以人工输出为主的服务类企业，其主营业务收入与人员数量和人工成本都有着正向的匹配关系。所以企业是否存在多计或少计人数导致人工成本不实或者收入不实，可以采用以下办法进行测算。

（1）人均创收和公司收入与人工成本的比值，连续 3 至 5 年的变动趋势存在明显不合理。

（2）了解企业规模，并参考同行业的用工人数及人均创收，明显存在不合理的。

（3）计算人均薪酬，明显偏低于同地区正常水平的。

（4）使用的劳务外包或劳务派遣不符合行业惯例，可以通过核查劳务外包及劳务派遣合同发现是否存在异常；了解同行业是不是采用劳务外包或劳务派遣来管理人工；现场询问劳务派遣的人员，了解其对劳动用工合同的认知情况；申请过高新技术企业等资格的，与资质申报表中的人数进行核对，劳动派遣人员是否计入资质申报的职工人数等。

通过以上调查，若发现异常现象，需要核对企业所得税、个人所得税，以及社会保险金缴纳基数、资质申请中填写的工资总额，来判断企业是否存在以工资方式虚增成本以减少纳税的虚假申报。具体核对可以参考表6-2。

表6-2 人工成本监测表

金额单位：元

项目		综合所得		社会保险金	
年度		2022	2023	2022	2023
工资总额	账面计提				
	个人所得税扣缴申报表				
	企业所得税纳税申报表				
	社会保险金基数				
	资质申报表				
工资人数	账面人数				
	个人所得税扣缴申报表				
	企业所得税纳税申报表				
	社会保险金人数				
	资质申报表				

如果怀疑以工资方式虚增公司成本或者其他异常导致税收风险的数据，可以参考表6-3进行具体的税收诊断。另外，还可以查看以现金方式支付员工工资的情况，如对现金发放工资的人员进行劳动用工合同及社会保险金缴纳的审查，必要时查看每日上岗记录。

表6-3 人工成本诊断程序表

序号	项目	诊断方法	诊断证据	诊断结论
1	是否存在职工大额借款，且长期不还；是否存在股东借款跨年不还的情况	（1）查看公司借款制度，核实挂账情况是否附有借款单，有无写明用途、借款时间，并判断是否与高额薪酬有关。（2）查看股东名册，核对往来款中的股东借款的情况		

续上表

序号	项目	诊断方法	诊断证据	诊断结论
2	福利性支出是否申报个人所得税	查看职工福利费明细，同时核对个人所得税申报表、工资表，分析支付给员工的各种补贴是否申报个人所得税		
3	高薪岗位的人员的薪酬发放是否合理，是否少缴个人所得税和社会保险金	（1）查看高薪岗位规定与薪酬制度、抽查工资发放记录，并结合行业薪酬水平、岗位职责、绩效考核结果等因素，评估高薪岗位薪酬是否合理。 （2）核对个人所得税申报与缴纳记录、检查专项扣除与附加扣除、关注年终奖等特殊收入的个人所得税处理。 （3）核查社会保险金缴纳基数与比例、核对社会保险金缴纳基数是否与员工工资基数相符，防止因基数不一致导致少缴。查看社会保险金缴纳记录、检查社会保险金缴纳的起止时间是否准确。 （4）查看高薪人员的报销单据，重点关注报销金额较大、频率较高的项目。分析报销与业务关联性、对比同岗位报销情况，查找是否存在异常差异		
4	高新企业的科技术人员申报资料与实际情况明显不符	（1）核查科技人员基本信息，包括学历、学位证书的验证、教育背景调查。 （2）核查科技人员薪酬水平和工资发放情况、了解企业的薪酬管理制度和科技人员的薪酬结构，与申报资料中的薪酬数据进行详细对比，结合同行业、类似岗位的市场薪酬数据，评估科技人员的薪酬水平是否合理。 （3）核对银行流水、核查社会保险金、公积金缴纳情况。 （4）核对科技人员的岗位职责描述、项目参与情况、工作成果（如技术专利、软件著作权、技术论文等）与申报资料中的描述是否一致		
5	特殊人员的工资薪酬、社会保险金缴纳是否合理合法	（1）了解是否有实习人员、临时工、钟点工、季节性工人、在校学生、退休返聘人员、兼职员工的情况。 （2）对工资发放表与社会保险金缴纳人员名单进行抽查核对，是否出现每天超过4小时的临时用工情况。 （3）了解是否存在代缴保险人员、向个人借用资质证书的情况		

案例分析：高薪岗位无高薪隐藏的税收秘密

做好人才激励是保证企业健康稳定发展的重要方法之一，所以对于创造价值多的员工应该给予更高的利益回报。一些大家通常能够理解的高薪岗位，如果从账面上查不到高薪的发放，那么这可能并非企业未采取激励措施，而是利用了其他回避纳税的方式发放薪酬。

诊断小组正在开展对某日化公司的税收诊断。该日化公司主要从事清洁卫生类化妆品、护肤类化妆品与口腔卫生用品的生产和销售。在开展现场诊断之前，诊断小组对该行业的发展和公司在行业中的定位、地位进行了市场调查。

诊断人员了解到该行业的销售费用占企业收入总额的比例要远远高于其他行业，而其中广告支出、销售人员的薪酬占比较高。但诊断人员查看销售费用和应付职工薪酬时，却发现销售人员与其他部门的平均工资差异不大。诊断人员对销售费用的构成进行了分析，发现办公费、油费、耗材等支出的比例较高。

诊断人员索取到最新的销售人员的提成规则，根据公司的销售收入情况，应支付给销售人员的报酬要远远高于账面中实际发放的金额。如果企业无法兑现承诺，一定会打击销售人员的积极性，但在与销售人员的交流中，诊断人员看出销售人员依然是充满热情工作，并且表现出对公司政策支持的态度。

诊断人员将发现的证据进行联系，在与财务负责人沟通后，确定了销售人员通过提供办公费用、劳务费等发票变相套取工资薪酬的事实。公司这种变相发放工资的政策，不仅仅是少代扣代缴员工的个人所得税，而且涉及虚开发票，存在更大的税收风险。

案例分析：通过人均效益异常变化趋势发现虚增人工成本

创造企业价值的三大资源包括人工、材料、资金，对于劳动密集型企业，以及以人员为主要劳务型公司，人均创收、人均创利和人均成本等与人员数量及人工成本相关的指标，均是评价企业经营好坏的重要参考因素。而这些指标的异常变化也成为税收诊断中判断税收风险的重要线索。

某物业公司在进行税收诊断业务，聘请了专业的税收诊断专家王部长担任此次的税收诊断负责人。诊断人员整理了公司连续四年人均收入、人均成本、职工薪酬与收入比的变动趋势，发现了异常现象。

公司四年的收入保持了持续的增长，毛利率却处于持续下降的状态，利润保持基本不变。这给诊断人员带来很大的疑惑，正常情况下企业并未增加新的小区项目，且小区内的设施也未发生较大的维修及新增设施，那么随着小区入住率的提高，毛利率应该是逐年上升的。但是公司显示的数据变化与行业情况不符。

诊断人员分析了成本结构后，对人均收入、人均成本、收入与职工薪酬比三项指标做了详细的统计和分析。公司的人工成本和人员数量的增长速度远远大于销售收入。同时，人均收入持续下降、人均成本持续上升、职工薪酬与收入比也处于波动且比率不断增加的状态中。

随后，诊断人员索取了最近四年的员工名单和员工的工资表，对此开展详细诊断。结合公司提供的员工工资表，诊断人员发现公司每年在小时工的工资开支上越来越多，从每个月十几个人，到现在平均每月五十多人。物业经理的解释是，小时工主要是负责管理小区的绿化，对绿植的修剪和打理。

诊断人员随后进行了测算，结算发现一平方米的绿化面积竟然需要3～4个小时工，显然各项证据都指明这部分人工成本并非合理真实的。王部长再次将其可能导致的税收风险与物业经理进行了沟通，并提醒物业经理进行内部自查，务必对该风险点进行整改。

第三节 社会保险金的税收诊断

本节所说的社会保险金，由用人单位和劳动者本人依法缴纳，主要包括基本养老保险、基本医疗保险、失业保险、工伤保险、生育保险等。

由于社会保险金是由税务部门负责收缴，所以在开展税收诊断时，也会将社会保险金纳入诊断范围。

税收诊断方法与思路

社会保险金的缴纳基数为工资总额，针对独立的个体有最低下限和最高上限的规定。同时，工资总额所包含的内容也与企业所得税、个人所得税规定的工资总额有所差异。

虽然有差异，但在进行税收诊断时，以社会保险金的缴纳基数与税收申报的工资总额进行比对仍然是较为常用的一种方法。如果比对出现重大差异，则会作为重点审查的对象作进一步的税收诊断。具体诊断的方法可参考表6-4。

表6-4 社会保险金的税收诊断程序表

序号	项目	诊断方法	诊断证据	诊断结论
1	核对各类报表确定是否存在社会保险金缴纳不实的情况	（1）核对企业所得税申报表、社会保险金缴费表与个人所得税申报表的人数和工资总额的差异，并与工资表进行核对，对人员变动进行分析； （2）参考企业内部审计报告，检查审计过程中是否发现社会保险金缴纳不实的情况。重点关注审计报告中提到的社会保险金缴纳人数、缴费基数等关键信息		
2	是否存在不按工资缴纳社会保险金的情况	（1）查看社会保险金缴纳清单，是否存在大量仅按最低社会保险金基数缴纳社会保险金的情况； （2）查看是否发放过大额奖金，奖金是否计入社会保险金基数		
3	试用期员工是否缴纳社会保险金	（1）查看公司招聘规则，关注对新员工缴纳社会保险金的规定； （2）抽查新员工入职时点与社会保险金缴纳时点进行核对		
4	是否存在职工主动放弃缴纳社会保险金的情况	（1）了解是否存在职工主动放弃缴纳社会保险金的情况； （2）查看放弃缴纳社会保险金员工的劳动用工合同； （3）查看该部分员工的工资发放情况		

在对社会保险进行核对时，可以参考表6-2。

案例分析：试用期员工未缴纳社会保险金的隐患

社会保险金的缴纳与税款不同，社会保险金不按规定缴纳，不仅国家要出面干预，员工个人也是社会保险金缴纳的受益人，所以企业是受到双重监督，因此其产生风险的概率也更大。

某设备公司在进行年度的税收诊断工作，诊断人员正在与办公室交涉诊断所需要的相关资料时,恰巧遇到公司一名工作人员正在办理离职手续。诊断人员在等待办公室人员准备材料期间,听见办公室人员在窃窃私语地讨论说这个离职人员才来两个月。

诊断人员与办公室人员闲聊起来,了解到公司的试用期大多为三个月,同时,公司还规定试用期的员工是不缴纳社会保险金的。诊断小组询问是否产生过社会保险金缴纳纠纷的,办公室人员表示未曾遇到。因为公司入职的面试环节比较严格,员工离职的情况较少发生,试用期不到就离职的员工说明适应不了工作。

一周后,诊断人员向公司提交了税务风险诊断报告草稿。其中未给试用期员工缴纳社会保险金会引发风险的内容,引起了总经理的关注。报告注明按照法律规定"用人单位应当在劳动者就业30日内,向有关社会保险部门申请社会保险登记。"在试用期不交社会保险金,公司不仅要向员工支付经济补偿,同时还会面临行政部门的罚款。

总经理告诉诊断人员,之前那个离职的员工已经就试用期的社会保险金及辞退补偿申请劳动仲裁。税务局也通知企业要求进行自查,对未交少交社会保险金问题向社会保障部门进行说明。

案例分析:职工主动放弃缴纳社会保险金企业是否免责

虽然社会保险金的缴纳是对个人未来的一种生活保障。但仍然有的员工并不希望缴纳社会保险金。不愿意缴纳社会保险原因有很多,比如离退休年龄不到15年的、不同意需要个人承担缴纳的部分等。但是企业缴纳社会保险金不但是履行社会责任,也是一种法定义务。

诊断小组在对某食品生产销售公司进行税收诊断业务,诊断人员索要了该公司的个人所得税纳税申报表、企业所得税纳税申报表、财务报表和社会保险金缴纳的相关资料。诊断人员发现公司缴纳社会保险金的员工共计138人,但个人所得税申报发放工资的人数平均约有170人。

诊断人员查看了个人所得税纳税申报表中身份证号码,将10个退休返聘的员工扣除掉,仍有20余人的信息与缴纳社会保险金的人员比对不符。通过与人力资源部门核对,还有15个员工是属于小时工,每日工作时间不超过4小时。但是有4名员工比较特殊,虽然由公司发放工资,但4人均要求不交社会保险金,并为此签署了承诺书。

诊断人员与人力资源部门沟通，向其出示了"用人单位未按时足额缴纳社会保险金的，由社会保险金征收机构责令限期缴纳或者补足，并自欠缴之日起，按日加收万分之五的滞纳金；逾期仍不缴纳的，由有关行政部门处欠缴数额一倍以上三倍以下的罚款"的规定。而人力资源的员工也明确表达对此政策是了解的，但4名员工已经签订承诺书，公司也不好强求。

诊断人员再次强调，承诺书不能免除公司未交社会保险金的责任，企业仍然存在由此造成的罚款等风险。

第七章　资产管理中的税收诊断

本章所讲述的资产主要是指企业的固定资产、无形资产。这两类资产并非直接通过买卖为企业创造价值，而是间接为生产经营提供服务。部分资产的价值在使用过程中不但不会贬值，还会随时间的推移销售价格高于原始购买价格，因此具备了投资的价值。

本章的资产管理将从三个角度来分析如何开展税收诊断，包括资产收购、资产处置和资产租赁。

第一节　资产收购的税收诊断

资产收购主要是指购买固定资产及无形资产。由于企业购买资产的目的是长期持有并使用，因此企业在购买资产时所关注的内容，则更多是使用期限、未来价格的增长空间和贬值速度。一旦在购买过程中留下税收隐患导致资产无法变现，带给企业的损失将是巨大的。

税收诊断方法与思路

资产收购的税收诊断重点内容主要是收购合同的审查、资产所有权的审查、以重组方式免税获得的资产是否符合免税条件，以及资产的购买是否与经营活动相关。具体诊断可以参考表7-1。

表7-1　资产收购诊断程序表

序号	项目	诊断方法	诊断证据	诊断结论
1	收购合同的付款条款和发票条款是否清晰、合规且可执行	（1）审查收购合同中是否明确列示付款时点，包括预付款、进度款、尾款等的付款时间、条件和金额。审查付款条件是否合理、可行，是否存在模糊或难以执行的条款。（2）审查合同中是否明确列明发票的品类、交付时间、交付方式和地点是否符合税务法规和财务制度		

续上表

序号	项目	诊断方法	诊断证据	诊断结论
2	收购合同的税款条款： （1）是否涉及税收规划并在合同中有明确列支。 （2）税款承担约定是否合理合法。 （3）是否列明税率约定。 （4）是否列明税款的具体金额	（1）审查合同中是否明确列示了税收规划的内容，评估税收规划条款是否符合现行税收政策，是否存在违反法律法规的风险。 （2）检查合同是否明确明税款的承担者（缴纳者）和责任，包括增值税、企业所得税、印花税等具体税种。 （3）核实合同是否明确约定了发票的交付时点，确保发票交付与付款流程相匹配。 （4）审查合同是否考虑了未来税率政策变化对合同的影响，是否列示了应对措施。 （5）检查合同是否明确列示了不含税金额和含税金额，确保金额计算准确。 （6）了解谈判人员的专业背景和经验，对其涉税筹划能力进行评估，并对涉税筹划方案的合理性、合法性及风险进行评估		
3	有证资产的所有权是否与公司真实性不符，以及是否存在公司间、公司与股东资产混同情况	（1）股权关系梳理和关联关系排查，尤其是对于一人有限公司或实质上由一人控制的公司，需重点关注其资产管理和使用情况，是否存在业务、人员、财务等方面的混同。 （2）沟通与调查资产混同情况，与公司管理层、财务人员及相关股东沟通，了解是否存在个人与企业资产混同的行为，核查公司资产是否被股东无偿使用或占用，且未作财务记载。 （3）了解公司人员对资产的知悉情况，特别是不动产等重大资产的产权归属。检查公司资产的产权登记情况，核实不动产等资产是否登记在公司名下，防止资产被错误登记在股东名下。 （4）核对不动产权证资料并现场盘点，特别关注非经营性固定资产的产权情况		
4	公司是否存在价值较高的资产且与生产经营不相关	（1）向相关人员了解公司是否有与经营不相关的重大资产，如一般生产企业购买古董、字画、跑车等。 （2）到公司展厅、大堂和企业负责人的办公室观察。 （3）查看固定资产、管理费用、制造费用等明细账		

案例分析：字画瓷器折旧是否税前列支引争议

企业购买的固定资产，其计提的折旧并非都可以在企业所得税前列支。除了与企业经营无关的固定资产外，还有一些特殊资产也不能在企业所得税税前列支，比如用于收藏、展示、保值、增值的文物和艺术品。

诊断小组在对某房地产公司进行税收诊断业务时，从公司的固定资产台账中发现固定资产中花费 1 200 万元，购买了字画及各种瓷器，并正常计提折旧计入销售费用。而在企业所得税纳税申报表中，诊断小组没有发现对该部分折旧进行纳税调整的相关处理。

诊断小组向财务人员出示了相关的政策"自 2021 年及以后年度汇算清缴，对企业购买的文物和艺术品用于收藏、展示、保值、增值的，作为投资资产进行税务处理。文物和艺术品资产在持有期间，计提的折旧、摊销费用，不得税前扣除"。据此认为房地产企业购买字画和瓷器也应按此文件办理，所发生的折旧费用不能在税前扣除。

但是财务人员却提出要求，希望诊断小组现场查看字画，以及各种瓷器的使用情况后，再做定论。原来，在这批字画中，有一部分字画挂于样板间。另外一些字画和瓷瓶分别悬挂和摆放在小区中心地带设置的文化中心，而文化中心初期是免费开放，用于提高小区品质提高售价。而小区基本出售完毕后，该文化中心开始对外收取参观的门票。

随后，诊断小组查看了营业外收入中确实有门票收入。同时，诊断小组也开始对该批所有字画和瓷器进行了详细盘点，并对购买该批物品的发票、合同进行分析，以确定其是否属于文物和艺术品。

诊断小组认为，无论字画和瓷器存放在哪里都不影响其作为投资资产的事实，除非这批字画和瓷器并非艺术品。诊断小组认为企业可以参考《艺术品经营管理办法》（中华人民共和国文化部令第 56 号）第二条第一款对艺术品的定义："本办法所称艺术品，是指绘画作品、书法篆刻作品、雕塑雕刻作品、艺术摄影作品、装置艺术作品、工艺美术作品等及上述作品的有限复制品。本办法所称艺术品不包括文物。"

而工艺品则是那种工业化量产，可以大规模复制，与艺术品有着本质的区别。所以是否可以税前列支，务必需要对该批字画和瓷器进行鉴定。最终诊断小组告知企业负责人，通过对合同中销售方的确认和价格评估，该批字画和瓷器均为艺术品，其所得税前不能列支。在没有其他鉴定结果出来之前，企业应尽快消除税收风险。

案例分析：不动产产权证与企业名称不符的后果

同一控制人控制下的公司，往往会出现资产混同、资金混同的情况，由于各公司都是独立的纳税主体，这种资产混同会给企业带来很大的税收风险。

某商业集团对下属子公司开展税收诊断时，诊断小组发现其中两个子公司之间出现了资产混同的现象。两个子公司在同一幢办公楼办公，第一子公司在该幢办公楼的三至五层，第二子公司在第一和第二层办公。

诊断人员发现第一子公司的在建工程——办公楼2 400余万元在年末时转入固定资产。但第一子公司却无法提供不动产权证书。诊断小组未在账面中找到有关土地使用权的任何支出。

第二子公司的无形资产则有购买土地使用权，以及缴纳契税的支出共计1 500万元，但是在建工程账面只有300余万元。如果办公楼属于第二子公司，那么已经使用的办公楼不可能仅支付了300万元的建筑工程款。

诊断小组最终在集团总部找到了有关办公楼的开工许可证和建筑工程许可证，均为第二子公司户头。那么如果未来办理不动产证书，不动产证书的户头也只能是第二子公司。

诊断人员将收集到的所有资料和相关人员提供的信息进行联系，最终确认集团决定购买该土地时，使用的是第二子公司的资金，取得土地使用权证书后，账面已无多余资金。此时，第一子公司获得银行贷款，资金充足，在建造办公楼时，主要以第一子公司的款项支付工程款，因此工程款的发票也就开到第一子公司名下。

资产混同导致的税收风险是巨大的。首先是第一子公司固定资产计提的折旧，因不动产所有权的问题难以税前列支。而第二子公司虽有不动产权证，但账上形成固定资产金额不足，折旧无法充分计提。如果该办公楼处置时，第一子公司的固定资产价值难以作为第二子公司的成本抵扣办公楼的处置收入，导致企业税负增加。

第二节　资产处置的税收诊断

资产处置是指资产的产权发生变动，包括通过销售、捐赠、投资、市场推广、交际应酬、职工奖励或福利、股息分配等其他改变资产所有权属的行为。在资产处置的税收诊断中，主要关注合同、处置方法、账务处理、税款的计算，以及涉及企业重组减免税手续的办理是否存在纳税风险。

税收诊断方法与思路

资产处置的税收诊断重点内容是处置合同的审查、资产转移是否视同销售、以重组方式转出的资产是否符合免税条件。具体诊断可以参考表7-2。

表7-2 资产处置诊断程序表

序号	项目	诊断方法	诊断证据	诊断结论
1	处置资产的合同收款条款： （1）付款时点是否列示明确并可执行； （2）是否列明发票的品类及交付时间	抽查付购合同并查看付款条款和发票条款，核实会计凭证		
2	处置资产合同的税款条款： （1）是否涉及税收规划并在合同中有明确列支； （2）税款是否列明承担（缴纳）者及责任，是否确定税票的交付时点； （3）未来税率政策变化对合同的影响，是否列示并对处置方有利； （4）是否明确不含税与含税金额各为多少	抽查付购合同并查看与税款相关的条款，了解参与收购谈判的人员及其涉税筹划的能力		
3	企业对外处置、捐赠、投资、市场推广、交际应酬、职工奖励或福利、股息分配，以及其他改变所有权属的资产，税款是否计算准确，缴纳是否及时	了解企业是否存在相关业务，并查看职工福利费、营业外支出、长期股权投资，以及固定资产、无形资产等重大资产减少的账户及相关会计凭证		
4	出现以下情况，是否多计提税金： （1）将资产用于生产、制造、加工另一种产品； （2）改变资产性状、结构或性能； （3）改变资产用途（如自建商品房转为自用或经营）； （4）将资产在总机构及其分支机构之间转移； （5）不改变资产所有权属的用途	了解企业是否存在相关业务，并了解企业财务人员对该政策的知悉程度		

续上表

序号	项目	诊断方法	诊断证据	诊断结论
5	以企业重组方式减少的资产，是否符合特殊性税务处理，且办理了相关减免税手续；不符合特殊性税务处理的，缴纳的税款是否准确，时点是否正确	查看企业所得税纳税申报表中关于资产重组的内容，并索取与企业重组相关的资料（合同、减免税审批文件、账务处理、章程、股东会决议等）		

案例分析：三个字造成三百万元的税款损失

不动产转让的过程中，无论是买方还是卖方均需要缴纳税款。而卖方涉及的税种不但多，而且计算难度大，可以称之涉税业务最复杂的交易。如果不动产处置处于卖方市场，则买方就会比较被动，由买方承担税款的案例比比皆是，而由此产生的纠纷也特别多。

诊断小组在对某化工公司进行税收诊断工作时，财务总监拿来一份土地使用权及地上建筑物转让合同，要求诊断小组对此合同进行审查。合同的主要内容是该化工公司将部分闲置的厂房及土地转让给乙方，关于税款的约定则是"买方承担交易过程中缴纳的税款"。

财务总监向诊断小组描述了事情的经过。因为厂区闲置，而公司不得不继续承担贷款利息、城镇土地使用税和房产税。公司便将这部分厂区出租给了乙方。在上周，公司董事长刘总和乙方的总经理一起吃饭时，乙方总经理聊到业务发展很好，想近期买地，不再租厂房了。

刘总提出既然乙方买地，何不就买现在的地。并提出乙方只要能包了贷款的本息、税金，就转给乙方不会加价。如此优惠的价格立刻吸引了乙方。乙方在次日就起草了这份合同。由于刘总认为合同中已经注明买方承担税款，认为没有太大问题，就直接盖了章，并要求财务总监配合安排进行不动产过户。

财务总监始终认为此合同签得过于草率，正巧本周诊断小组来到现场，这便有了开始的那一幕。诊断人员提出"买方承担交易过程中缴纳的税款"这句话存在一定问题。不动产交易中甲方和乙方均需要承担税金，乙方承担的是契税，而甲方除了交易过程中缴纳的增值税、城市建设维护税、土地增值税外，还有企业所得税。

企业所得税是因交易产生，但并不是在交易过程中缴纳，是年度终了后汇算清缴才知道需要交多少税。如果刘总对企业所得税也希望由对方承担，那么合同的这句话实际上是排除了乙方承担企业所得税的情况。

财务总监立刻测算了此不动产转让可能影响的企业所得税约300万元，便将此诊断结果告诉刘总。刘总请求诊断人员以最小的变动来修改合同。诊断人员认为"买方承担交易过程中缴纳的税款"这句话中的"过程中"去掉，要求对方承担企业所得税就比较合理了。

但是，就在刘总通知业务人员停止变更不动产转移手续时才发现，不动产证已经办理至乙方名下。之后与乙方的协商中，乙方拒不承担企业所得税。而此后追索企业所得税的诉讼，刘总也以失败而告终。

案例分析：企业分立出去的资产为何不能免税

以企业重组方式减少的资产，是否符合特殊性税务处理、是否符合增值税的不征税政策，其前提都需要具备合理的商业目的，且满足税法规定的基本条件。如果一旦未达到条件，企业重组则无法享受减免税的优惠政策。

浩立旅游公司隶属于省旅游集团，位于四线城市，拥有酒店、温泉、滑雪、游乐园等项目。由于经营不善，公司亏损严重，滑雪设备老化，大量资产处于闲置状态。省旅游集团为盘活资产，在2021年对浩瀚旅游公司进行了重组，将酒店分立成新设公司，并希望引入新的投资人盘活这部分资产。

2022年初，省旅游集团安排税收诊断小组对所有子公司进行审计。针对浩立旅游公司及分立新设的公司，诊断小组将分立过程减免税手续的办理是否符合政策作为诊断的重点。

诊断人员在进行诊断时，严格审查了分立过程中的所有文书和文件，并未发现有不符合减免税的规定。但在审计分立新设公司的账面时，却发现新设公司一直没有为员工缴纳社会保险金，也没有承担员工的工资，这与分立文件中"与酒店及温泉资产相关的负债、人员一同分立至新公司"的规定不符。

浩立旅游公司财务人员解释说，因为公司停业，大部分员工已经辞职，与酒店相关的人员只有三位。而此三人明确表示，担心社会保险金和劳动关系转至新公司，会影响三个人的在职年限，所以迟迟没有办理相关手续。

诊断人员提供了《中华人民共和国劳动合同法》第三十四条规定："用人单位发生合并或者分立等情况，原劳动合同继续有效，劳动合同由承继其权利和义务的用人单位继续履行。"据此要求公司尽快打消三人的顾虑，将三人的劳动关系和社会保险金转至新设公司名下。诊断人员提醒企业一旦分立业务被定义为虚假分立，则企业要承担更为严重的后果。

第三节 资产租赁的税收诊断

除专门经营资产租赁的公司以外，企业购买资产大多是为了自用。但是当企业出现资产更新、转行等原因时，会导致资产的闲置。为了盘活资产，一些企业会将闲置资产对外出租，这就使得资产可以被再次利用并为企业创造新的价值。

无论是企业对外出租资产还是租入资产都会影响到税收，但由于租赁业务并非企业的常规业务，很多企业会在租赁涉及的税收上出现知识和经验的缺失，导致企业出现税收风险。

税收诊断方法与思路

资产租赁的税收诊断重点内容主要是租赁合同的审查、出租资产的收入是否确认收入，以及出租房产过程中同时提供水、电等商品的销售如何确认。具体诊断可以参考表 7-3。

表 7-3 资产租赁诊断程序表

序号	项目	诊断方法	诊断证据	诊断结论
1	资产出租的涉税条款审查	了解参与收购谈判的人员及其涉税筹划的能力，并查看资产出租合同中与税款相关的条款 （1）合同中的款项是一次性收取还是分期收取，是否考虑税款的实现时点，并进行相关的规划。 （2）合同中是否明确发票的种类（增值税专用发票或普通发票）和交付规则，包括交付时间、方式和地点。 （3）合同中是否明确税款的承担方（出租方或承租方），并约定税款的缴纳责任。 （4）是否列明对出租方有利的税率变化处理机制，确保出租方在税率调整时能够合理调整租金或税款承担方式。 （5）合同中是否明确区分不含税金额和含税金额，避免因金额不明确导致的税务风险，以及价外费用（如手续费、违约金等）的增值税处理方式，确保价外费用的税务处理合规		

续上表

序号	项目	诊断方法	诊断证据	诊断结论
2	资产租入的涉税条款审查	仔细阅读合同文本，重点关注涉税条款的内容。 （1）明确合同中租金的付款时点是采用一次性支付还是按租赁期间分期支付。 （2）合同中是否明确发票的种类（增值税专用发票或普通发票）和交付规则，包括交付时间、方式和地点。 （3）合同中是否明确税款的承担方（出租方或承租方），并约定税款的缴纳责任。 （4）合同中是否约定未来税率变化对租入资产方有利的处理机制。 （5）合同中是否明确区分不含税金额和含税金额，以及价外费用（如手续费、违约金等）的增值税处理方式。		
3	是否存在不动产及设备出租的租金未入账	（1）检查是否存在闲置房产已对外出租但租金未入账的情况。通过实地查看和相关租赁合同核对，确认房产的出租状态与租金收入情况。 （2）与固定资产管理负责人沟通，了解固定资产的管理情况，特别是闲置资产的管理。抽查闲置资产的存放情况，核实资产的使用状态和收益情况。 （3）查看财务账目中的"其他应付款"和"其他业务收入"科目，检查是否存在与出租相关的未入账租金收入。核对相关账目与实际租赁情况是否一致，确保租金收入准确入账。		
4	是否存在收到实物、劳务及其他形式的租金，未确认收入的情况	（1）对企业的现金进行突击盘查，核实是否存在未入账的现金收入。重点关注近期的现金流入，特别是与租赁业务相关的现金收款。对银行存款账户进行清查，核对银行对账单与企业账目，查看所有租赁收入是否均已准确入账。 （2）与企业知情人员（如财务人员、租赁业务负责人等）沟通，了解租赁业务的收款情况，特别是实物、劳务及其他非货币形式的租金收入。调查是否存在以实物、劳务或其他形式抵顶租金的情况。 （3）检查企业是否按照会计准则和税法规定，对收到的实物、劳务及其他形式的租金进行了正确的收入确认。核对企业的账务处理是否准确，特别是非货币形式的租金收入是否已按公允价值或协议价格确认，并正确计入相关科目。		

续上表

序号	项目	诊断方法	诊断证据	诊断结论
5	是否存在转租收入未入账的情况	(1) 实地查看租入资产的使用情况，确认资产是否被转租给第三方。查阅租入资产的租赁合同，确认合同中是否允许转租行为。 (2) 检查财务账目中的"其他业务收入"科目，核对是否存在未入账的转租收入。审查租金收入的明细账，确认转租收入的金额、收款时间及收款方式是否与实际业务相符。 (3) 梳理企业租赁业务的全流程，从租入到转租，确保每个环节均有明确的记录和规范的操作。 (4) 与负责租赁业务的财务人员、业务部门负责人及相关知情人员进行访谈，了解转租业务的实际情况。发现租赁业务中的潜在问题，如租金收取不及时、收入确认不规范等。针对发现的问题，制定相应的整改措施		
6	企业对出租房产的承租方，提供转售水、电是否确认收入	(1) 仔细查看出租房产合同中关于水电费用承担的相关条款，明确水电费用的支付方式、计费标准和责任归属。 (2) 检查企业账面关于水电出售的账务处理是否准确。核实水电收入是否已正确计入相关科目（如"其他业务收入"或"主营业务收入"），并确保收入金额与实际收取的水电费用一致。核对水电收入的税款计提情况，确保增值税及附加税费等已正确计算并申报缴纳。 (3) 与负责水电费用收取的财务人员和业务人员进行沟通，了解水电费用的实际收取情况和账务处理流程。核实是否存在未入账或延迟入账的情况		

案例分析：租出闲置房产引发的税收风险

为了盘活资产，一些企业会将闲置资产对外出租。出租收入涉及的税费较多，包括增值税及附加税费、房产税、印花税和企业所得税等。如果是一般纳税人，税率较高，会成为企业不及时入账的理由，但也为此埋下税收隐患。

税收诊断小组在对某集团以日化品销售为主业的子公司开展税收诊断业务。诊断小组到达现场后，被安排在办公楼三楼的会议室作为临时办公区域。

诊断小组成员在盘查子公司的固定资产时，对这栋子公司拥有的六层办公楼较为关注。诊断人员发现该办公楼的1至2层的房间外面，都贴着"××工作室""××画室"的牌子，但在公司账面上却没有发现租金收入，随即向财务人员询问1至2层房产使用情况。

财务人员解释办公楼的1至2层都给总经理的朋友临时用作画室了。但让诊断人员疑惑的是，1至2层并非全是画室，显然是不同的人分别使用这些房间。诊断人员预估至少六家挂着不同的工作室牌子的人在使用这些房间。还有一些没有挂牌子的，但显然也并不是这六家工作室的。

经过再次询问，财务人员承认公司为了盘活这些房产，便利用地理优势，将这些房产出租给这些画家开工作室。同时画家们不需要发票，所以将这部分租金收入就没有入账。诊断人员随即解释1至2层楼对外出租太明显了，一旦税务人员定期到企业走访就会发现这类问题，这样的偷漏税行为将给企业带来较大的税收风险。诊断人员建议企业合规管理资产，并上缴税费。

案例分析：出租房产引发售卖水电的税收争议

企业对外出租房产后，水务公司和电业公司并不会因企业对外出租房产，而将水和电的发票直接开给承租方。所以企业将面临再给承租方提供转售水、电的发票。所以出租房产收取了承租方的水电费，是需要确认收入的，同时出租企业取得水电的增值税专用发票也可以抵扣。

税收诊断小组在对某集团以日化销售为主业的子公司开展税收诊断业务时，关注到账面的其他业务收入记载了房租收入，于是索取了的租房合同详细审查。合同显示，子公司是将办公楼的一层和三层租赁出去，租赁区内的水电费由承租方自行承担。

诊断小组立刻展开对水电费的收取和入账情况进行了审查。诊断小组查明，水电费是由子公司统一缴纳，而取得增值税专用发票的进项税额已经全部进行了抵扣。另一方面，子公司将收取承租方的水电费都入了账，但账务处理并非将收取的水电费确认收入，而是冲减了管理费用，并未对应计提增值税。

诊断人员经过计算，该子公司在租赁期收取的水电费，共计少缴增值税及相关的附加税费约15万元。

第八章　股权架构中的税收诊断

企业的投资人不稳定，会直接影响到企业的发展，因此股权税收诊断是所有税收诊断中最重要内容之一。

无论企业接受投资，还是企业对外投资，都涉及股权。股权业务，会涉及增值税、城市建设维护税、个人所得税、企业所得税、印花税等多个税种。由于投资和接受投资并非一般企业的经常性业务，因此税款的计算与缴纳出现差错的概率也较高。

第一节　自然人持股的税收诊断

投资人分为自然人和法人。投资人通过取得股息红利的分配和处置股权获得投资收益。被投资的企业在分配股息红利给自然人股东时，自然人股东向其他自然人股东转让股权时，形成的净收益都需要被投资的企业代扣代缴自然人股东的个人所得税。

分配给法人股东，以及法人股东进行股权转让时，被投资企业是没有任何税款代扣义务的。因此，在税收诊断中，企业需要特别关注自然人股东分红及股权转让的涉税问题。

增减资的税收诊断方法与思路

企业收到投资人投入资本金的税收诊断重点是获取的证据，是否能够成为税前扣除的会计凭证，并同时关注财务手续的合法性。减资过程则需要关注形成溢价减资的个人所得税代扣代缴义务。具体诊断可以参考表 8-1。

表 8-1　资本实缴及减资诊断程序表

序号	项目	诊断方法	诊断证据	诊断结论
1	股东是否按期实缴到位	（1）索取章程查看出资期限的规定，检查股东历次出资是否出具了相关的验资报告； （2）验资报告与账面记载是否相符，验资报告附件与会计账簿中的原始凭证是否相符； （3）无验资报告的，查看账面情况及资本到位的原始凭证		
2	股东实缴资本是否存在证据瑕疵	（1）货币出资的：比对银行回单、银行对账单、收据等原始凭证中的出资者、出资金额、出资时间、出资方式、出资比例与股东会决议、章程等资料内容并查看入账情况和资金到账后的资金使用情况； （2）实物出资与无形资产、净资产出资的，索取资产评估报告，评估价格的股东确认文件、资产原权属证明、发票、证件复印件等，以及出资到位后的发票、过户后的证件原件等，其内容均应与股东会决议、章程进行核对； （3）债转股的：对债务形成的各类原始单据、资金、合同等查验债务的真实性，并与股东会决议、章程进行核对； （4）未分配利润、盈余公积、资本公积转增资本的，需要对转增前的数据进行核对，是否为真实有效，企业所得税的完税情况进行确认。属于自然人股东的，还需要审核转增过程的个人所得税申报缴纳资料		
3	是否有代持股情况，代持股东手中保留哪些出资证据，是否可能会对公司产生不良影响	（1）向核心人员了解企业是否存在代持股行为； （2）了解财务人员，掌握出资人手中的出资证据； （3）索取代持股协议，并查看内容是否有违法规定		
4	实收资本是否有抽逃嫌疑	（1）检查资本金投入后的使用情况； （2）资本投入后，近期公司与股东银行账户间是否存在频繁的交易流水； （3）检查公司账面是否存在股东往来款长期挂账的情况		
5	非同比例减资时，是否存在未代扣个人所得税的情况	（1）查看股东会决议、章程修正案、实缴资本减资的还需要查看资金流水凭证等； （2）查看减资前的资产负债表和账面有价值资产的增值情况； （3）查看代扣股东个人所得税的账务处理或申报表		
6	减资时，是否为溢价减资，是否代扣个人所得税			
7	实缴减资与认缴减资是否明确区分，是否涉及个人所得税并进行相应代扣代缴			

股息、红利的税收诊断方法与思路

被投资企业在分配股息、红利给自然人股东时,需要代扣股东的个人所得税,具体诊断可以参考表 8-2。

表 8-2 股息红利分配的诊断程序表

序号	项目	诊断方法	诊断证据	诊断结论
1	自然人持股是否分红,是否合法分配,是否代扣代缴个人所得税	向财务人员及股东询问是否存在分红情况,与账面核对,判断是否存在不合法分红,如使用其他资金分红,未代扣个人所得税 (1)检查公司成立至今历次分配股息、红利的分配时间、分配金额、分配比例、分配方式是否符合公司章程、股东会决议的规定; (2)检查公司历次分配是否按税法相关规定代扣代缴个人所得税		
2	是否存在股东非经营性借款,且跨年度不还	查看往来款中的个人借款,尤其是大额、长期未动的个人借款调查个人名称是否有股东,或者与股东的关系		
3	现金余额大的,是否存在现金存放在股东个人卡中的情况	突击盘点现金,查看现金流水账,查看白条情况,查看个人银行卡是否在出纳手中		
4	是否存在以资产分配方式进行分红	调查大股东的车辆、居住用房是否为公司户头,调查公司名下房产是否有别墅、大面积住宅等非公用性资产		
5	是否存在未分配利润、盈余公积、非溢价形成的资本公积转增资本,是否代扣个人所得税	检查历年增资情况,检查转增资本时,自然人股东的代扣代缴个人所得税的账务处理或申报表		

股权转让的税收诊断方法与思路

自然人股东向其他自然人股东转让股权形成净收益时,需要由被投资的企业代扣代缴自然人股东的个人所得税。具体诊断可以参考表 8-3。

表 8-3　自然人股东股权转让诊断程序表

序号	项目	诊断方法	诊断证据	诊断结论
1	股权转让期间的账面净资产是否超过实收资本，是否代扣税金	（1）查看公司成立至今历次股权转让前的资产负债表； （2）股权转让合同中的转让价格与资产负债表净资产的对比； （3）查看代扣股东个人所得税的账务处理或申报表		
2	股权转让期间是否有增值的不动产及其他金融和投资资产，是否进行相应估值并影响到股权转让价格，进而影响少缴个人所得税	（1）查看公司成立至今历次股权转让前的资产负债表、固定资产台账、无形资产和长期股权投资等可能形成增值的重要资产； （2）对重要资产的市场价格进行估算，并与净资产结合分析，股权转让合同中的转让价格是否存在明显偏低； （3）查看代扣股东个人所得税的账务处理或申报表		
3	公司是否存在代扣代缴股东个人所得税义务，并履行义务	（1）查看股东会决议是否为自然人股东之间转让股权； （2）查看代扣股东个人所得税的账务处理或申报表； （3）如自然人股东将股权转给法人公司，可询问法人公司是否代扣自然人股东的个人所得税，并尽量获取相关代扣证据		
4	股东之间是否有真实的资金流水，是否为真实交易	（1）索取股东之间真实交易的资金或其他交易证据； （2）查看股权转让协议和股东会决议及章程修正案		
5	股权转让属于实缴还是认缴部分，其合同约定是否清晰，个人所得税的计算是否准确	（1）查看股权转让协议，对认缴与实缴部分的交易列示是否清晰明确； （2）查看代扣股东个人所得税的账务处理或申报表		

案例分析：增加出资引发的纳税成本增加

能够用货币计量、未来可以给企业带来收益的资产大多都可以用来出资，比如最为常见的货币出资，投资人也可以用实物、知识产权、土地使用权等非货币财产作价出资。但对于非货币资产出资极有可能涉及税收，如果不提前了解相关规定，可能会给投资双方带来税收风险。

2023年初，鑫鑫实业集团公司聘请税务师事务所为公司开展税收诊断工作。税务师事务所组建"五人诊断小组"进驻公司。

诊断小组通过国家企业信用信息公示系统查看了集团与子公司的股权及投资情况，并与各公司账面的实收资本和长期股权投资进行了核对。

子公司之一的鑫盛科技有限公司注册资本为700万元。为达到招标要求，鑫盛科技的注册资本需要在1个月内投资到位。2023年3月，鑫鑫实业集团以货币形式全部出资到位，张某个人认缴的280万元则是以车辆和专利技术进行出资。

诊断小组查看全部出资手续时发现以下几个问题。

（1）章程规定张某应以货币出资，出资时点为2028年前出资到位。

（2）股东会决议中，张某为该公司的法定代表人，其每年的分红预留40万元，用于出资。

（3）张某在2023年3月将车辆行驶证变更到鑫盛科技有限公司名下，未开具发票给鑫盛科技有限公司，评估报告显示车辆的评估值为80万元。

（4）张某在2023年3月将一项专利技术变更到鑫盛科技有限公司名下，未开具发票给鑫盛科技有限公司，评估报告显示专利技术的评估值为200万元。

诊断小组指出张某的出资形式发生变化，首先应变更章程，再去市场监督管理部门进行变动登记。投资到公司的车辆和专利技术均属于增值税纳税范围，应到税务机关代开发票并缴纳相关税金。涉及专利技术延迟纳税的，也应到税务机关代开发票时办理相关手续。由于张某未开具发票，导致鑫盛科技有限公司收到的投资资产无法在企业所得税前进行摊销和折旧，给企业带来税收成本的增加。

案例分析：股权借款不归还也要补缴税款

自然人股东从被投资的企业获得分配的利润，需要承担20%的个人所得税，而被投资企业负有代扣代缴的义务。为防止企业将分配的红利以借款的形式支付给股东，协助股东逃避或延迟纳税，国家税务总局下发了股东借款长期不归还视作分红的规定。

2023年初，鑫鑫实业集团公司聘请税务师事务所为公司开展税收诊断工作。税务师事务所组建"五人诊断小组"进驻公司。

诊断小组查看鑫鑫实业集团公司的其他应收款时，发现2022年5月有三位自然人向公司借款金额较高，到诊断小组查账时，三个自然人仍未归还借款。并且三位自然人恰恰是公司的三位股东。

财务人员解释，三位股东均在2023年购置房产，所以需要长期借款。诊断小组向财务人员出示了《财政部 国家税务总局关于规范个人投资者个人所得税征收管理的通知》（财税〔2003〕158号）第二条规定："……纳税年度内个人投资者从其投资企业（个人独资企业、合伙企业除外）借款，在该纳税年度终了后既不归还，又未用于企业生产经营的，其未归还的借款可视为企业对个人投资者的红利分配，依照'利息、股息、红利所得'项目计征个人所得税。"

财务人员立刻提出异议，一是公司并未形成利润，不存在分红的可能性；二是没听说哪个企业因为股东借款被征收个人所得税。

诊断小组又在网络上查到了"北京某空调制冷设备有限公司股东2014年度向公司借款187 000元，纳税年度终了后既不归还，又未用于企业生产经营，造成少代扣代缴个人所得税37 400元。根据《中华人民共和国税收征收管理法》第六十九条，决定对该公司应扣未扣个人所得税税款处以1.1倍的罚款即41 140元。

财务人员立刻向股东汇报此事，承认该操作会引发重大税收风险，要求股东立刻归还借款，并及时对此业务进行纠正。

案例分析：股权转让引发的税收纠纷

当自然人的股权转让时，受让方为扣缴义务人。如果受让方是企业时，在收购自然人股东的股权时，就需要特别注意，交易价格是否存在税收管理规定中的价格偏低。如果交易行为已经达成，再进行代扣个人所得税的申报，很可能造成与转让方的纠纷。

2023年3月，鑫鑫实业集团公司聘请税务师事务所为公司开展税收诊断工作。税务师事务所组建"五人诊断小组"进驻公司。诊断小组在审查鑫鑫实业集团公司的长期股权投资时，关注到财务人员正在办理其子公司鑫建制造公司的股权收购事宜。

鑫建制造公司的注册资本100万元，其中自然人李某持股35万元，鑫鑫实业集团公司持股65万元，均已出资到位。财务人员正在办理的就是鑫鑫实业集团公司准备把李某的股权全部收回来。

诊断小组立刻索取了鑫建制造公司2012年年末的财务报表，发现未分配利润为30万元，而公司没有房地产及其他投资资产。财务人员却告知诊断小组，之所以要收购李某的股权，是因为李某担任鑫建制造公司总经理期间，实际上有200余万元的应收账款根本收不回来。所以这次罢免了李某的总经理职务，并且平价收回李某的股权。

诊断小组提醒财务人员，目前鑫建制造公司并未据实计提坏账准备，所以未分配利润形成的30万元，在李某进行平价股权转让时，很有可能被税务机关认定为低价转让不合理。如果此时在不调整财务报表的情况下，进行了股权转让，那么形成的个人所得税是由鑫鑫实业集团公司代缴，而鑫鑫实业集团公司已经完成与李某的股权价格交易，那么这笔税款就容易形成与李某之间的纠纷。

财务人员听从了诊断人员的建议，立刻开展对鑫建制造公司的财务报表调整，并提请重新召开鑫建制造公司的股东会，对股权转让的时间进行调整，防止鑫鑫实业集团公司出现税收风险。

第二节　同一控制人投资的多家公司股权架构的税收诊断

同一控制人投资的多家公司之间会发生资金、业务、人员的各项交易，这种互为关联的关联方交易，是否遵从了非关联交易的定价，这是在对多公司进行税收诊断中需要特别关注的内容。除此之外，多公司之间在股权的投入、持有分红及股权处置、被投资企业清算时均会涉及税收问题，这也是本节重点介绍的内容。

税收诊断方法与思路

在一个集团或者有同一控制人控制下的多家公司，就会存在股权架构是否合理的问题，如果在设置股权架构时未考虑税收的影响，那么在税收诊断时就要特别去关注其对税收的影响。具体诊断可以参考表8-4。

表 8-4　多家公司股权架构的诊断程序表

序号	项目	诊断方法	诊断证据	诊断结论
1	是否搭建三层（传承、投资、经营）股权架构，是否充分考虑税收、风险隔离、商业模式等问题	（1）通过企查查、天眼查等软件了解公司的股权架构体系； （2）与公司了解股权架构的人员进行沟通，判断每家公司的在股权架构中的实际作用，了解持股平台、防火墙公司的具体情况； （3）查看各公司分属哪一层股权架构，了解股权架构的体系设计原理		
2	自然人股东是否采用持股平台的方式进行风险隔离和分红	通过企查查、天眼查等软件了解公司的股权架构体系		
3	存在多公司经营，且存在减免税业务的公司或税率差的公司，公司间是否存在关联交易并进行利润的合理分割安排	（1）通过企查查、天眼查等软件了解公司的股权架构体系及所在行业基本情况； （2）向财务人员了解各公司行业、企业规模与正在享受的税收优惠政策情况		
4	是否存在人员、资金的混同	（1）通过税务申报系统调查财务人员、报税人员是否相同； （2）通过银行登记查看出纳人员是否相同； （3）通过企查查、天眼查等软件了解公司的法定代表人、董事等主要管理层人员是否相同		
5	是否存在多家公司使用同一办公地址的情况	（1）通过企查查、天眼查等软件了解公司的注册地址； （2）询问各公司的实际办公场所		
6	是否存在业务混同	通过日常事务向各层面的人了解企业的实际控制人对公司业务的控制情况		

案例分析：未搭建持股平台造成的税款损失

企业在不断地发展中，为迎合市场会逐步走向产品多元化，或多地区发展的模式，企业的规模和数量也会不断增长和增加。如果公司之间的出资关系、投资人与各公司之间的投资关系，没有进行理顺，不但会阻碍企业发展、加大税法成本、不利于财务管控，最终产生法律风险。

2023年3月，鑫鑫实业集团公司聘请的税务师事务所正在为公司开展税收诊断工作。税务师事务所成立的诊断小组对与王某实质控制的二十余家公司进行了初步的审查。诊断小组发现整个股权架构存在诸多问题，而集团公司注册资本是否到位是最为关键的问题之一。

鑫鑫实业集团公司是由两个自然人股东投资设立，绝对控股股东王某持股比例为70%，常某持股比例为30%。注册资本5 000万元，公司章程规定的出资期限为2033年12月31日。

《中华人民共和国公司法》关于公司自成立之日起需要在5年缴足注册资本的规定，在2023年7月1日正式实施。而鑫鑫实业集团公司和另外五家关联公司均是由两位自然人股东出资设立，累计需要到位的注册资本达到1亿元。

除了鑫鑫实业集团公司及下属子公司的累计未分配利润形成近4 000万元以外，其他五家关联公司基本都是亏损状态。如果鑫鑫实业集团公司以未分配利润转增资本则需要先代扣代缴两位自然人股东20%的个人所得税。

诊断小组提醒王某，如果鑫鑫实业集团公司的股东是法人股东，那么本次以未分配利润增资就不需要缴纳个人所得税。4 000万元可以增入注册资本中。

同时，两位自然人股东没有自有资金，也很难完成对其他五家公司的实际投资。如果两位自然人股东以其中一家确定为持股公司，将其他四家亏损公司的股权转给持股公司。那么只需要实现持股公司的股权到位，这笔钱就可以通过持股公司继续对其他公司进行投资。

王某在诊断小组的提示下，理解做好股权架构的重要性。

案例分析：混同加大了关联交易的税收风险

在资金、经营、购销等方面存在直接或者间接的控制关系；直接或者间接地同为第三者控制；在利益上具有相关联的其他关系都属于税收中的关联企业。如果关联企业之间的交易不符合独立交易原则，交易价格明显偏离市场价格，或者交易条件不公平，税务机关就有权介入并进行合理调整。

2023年，长阳集团公司聘请税务师事务所为公司开展税收诊断工作。税务师事务所组建了"五人诊断小组"进驻公司。

诊断小组对集团公司旗下所有公司的股权结构进行了解，对各公司之间的经营业务也予以关注。在审计期间，诊断小组要从财务系统上下载各公司的财务账套，发现有两个公司的名称并不在整个股权体系中。随后，诊断小组通过国家企业信用信息公示系统查询到这两家公司的股东姓名非常陌生，便询问财务人员。

财务人员解释说这两家公司股东，都是老板的亲戚。这两家公司账务都是财务人员帮着记的。随后诊断人员也发现这两家公司的纳税申报人员均为集团的财务人员，而银行登记的联络人员姓名也是集团的财务人员。如果仅仅是代为记账和申报还是可以理解的，但是银行也是由公司财务人员管理，说明这两家公司是集团实质控制的，那么集团各公司与这两家公司的交易就是关联方交易。

诊断人员查看了这两家公司与集团各公司的所有交易情况，最终确定，这两家公司就是集团各公司之间进行交易的中转站。为了防止各公司之间的交易被认定为关联方交易，而被调整交易价格，所以集团公司下属所有公司之间的交易都是通过这两家公司进行中转。

至此，诊断人员取得所有证据。诊断人员认为人员混同是完全可以把两个非股权关系的企业，关联到一起，除了人员混同，还有资金、资产、交易等混同，都会打破股权关系而使得两家公司变成关联关系。

第三节 对外投资的税收诊断

对外投资主要包括股权投资和通过购买金融资产获得收益的行为。在企业对外投资时，投资过程、持有股权和金融资产时获得的股权红利、利息及股权或金融资产的出售、被投资企业的清算均会产生各种税款。在进行对外投资的税收诊断时，这些环节都需要重点关注。

税收诊断方法与思路

在符合企业重组和创业投资企业采取股权投资方式直接投资于初创科技型企业的有减免税相关政策外，大部分情况下，企业以非货币性资产对外投资过程中，需要涉及增值税和附加税费与企业所得税。

在税收诊断时，诊断小组可以通过企查查等网络工具，了解企业对外投资情况，并与账面的长期股权投资进行核对；通过确定对外投资账务处理，查询非货币资产出资的原始凭证，查看税款计提情况、发票情况、被投资企业的收据等财务证据是否齐全；通过核查增值税及企业所得税纳税申报表，确定非货币性出资是否填写视同销售的相关内容，并通过索取投资时的资产评估报告，以及股东对评估结果的确认函来确认投资金额的准确性。

在对处置股权的税收诊断中，可以通过网络工具了解企业是否减少对外投资，并检查长期股权投资账面的减少情况，抽查原始凭证、股权转让协议、被投资企业的财务报表，来确认转让价格是否存在不合理低价或无偿转让的情况；以及形成的投资损失是否符合税前列支标准的相关证据。

对于对外投资取得股息、红利的税收诊断方法，可以参考表 8-5。

表 8-5 取得股息红利的税收诊断程序表

序号	项目	诊断方法	诊断依据	诊断结论
1	取得被投资企业分红，是否并入利润表，且是否调减企业所得税	（1）索取被投资企业的财务报表，查看分配情况； （2）查看投资收益类的会计科目，是否收到分红款； （3）查看企业所得税纳税申报表，关注调减事项	《中华人民共和国企业所得税法》第二十六条第二项"（二）符合条件的居民企业之间的股息、红利等权益性投资收益"为免税收入	
2	取得合伙企业分红是否正常并入企业所得税	（1）索取合伙企业的财务报表，查看分配情况； （2）查看投资收益类的会计科目，是否收到分红款； （3）查看企业所得税纳税申报表，关注调减事项	《国家税务总局关于〈关于个人独资企业和合伙企业投资者征收个人所得税的规定〉执行口径的通知》（国税函〔2001〕84号）明确要求法人股东不属于居民企业间派发，需要缴纳全额计入应纳税所得额计缴。 查看《财政部 国家税务总局 证监会关于上市公司股息红利差别化个人所得税政策有关问题的通知》（财税〔2015〕101号）、《关于延续实施全国中小企业股份转让系统挂牌公司股息红利差别化个人所得税政策的公告》（财政部 税务总局公告2024年第8号）、《财政部 税务总局关于北京证券交易所税收政策适用问题的公告》（财政部 税务总局公告2021年第33号）这些文件可知，法人股东不属于居民企业间派发，需要缴纳全额计入应纳税所得额计缴	

续上表

序号	项目	诊断方法	诊断依据	诊断结论
3	取得股票的股息、红利	（1）查看被投资的上市公司关于分配的公告，查看分配情况； （2）查看投资收益类的会计科目，是否收到分红款； （3）查看企业所得税纳税申报表，关注调减事项	《财政部 国家税务总局 证监会关于上市公司股息红利差别化个人所得税政策有关问题的通知》（财税〔2015〕101号）规定："一、个人从公开发行和转让市场取得的上市公司股票，持股期限超过1年的，股息红利所得暂免征收个人所得税。个人从公开发行和转让市场取得的上市公司股票，持股期限在1个月以内（含1个月）的，其股息红利所得全额计入应纳税所得额；持股期限在1个月以上至1年（含1年）的，暂减按50%计入应纳税所得额；上述所得统一适用20%的税率计征个人所得税。"	

案例分析：减资不能只冲成本，也需要补税

《中华人民共和国公司法》修订后于2024年7月1日起施行，其中非常重要的一项变更内容是规定有限责任公司股东出资期限不得超过5年。这也让很多将注册资本无法在5年内实缴到位的企业，重新审视注册资本认缴数额可能对股东造成的风险。一些企业通过减少注册资本化解可能带来的风险和行政处罚。

2023年11月，某集团公司聘请税务师事务所为公司开展税收诊断工作。税务师事务所组建"五人诊断小组"进驻公司。

诊断小组通过国家企业信用信息公示系统查看了集团及各子公司的股权和投资情况，并与各公司账面的实收资本与长期股权投资进行了核对。

诊断小组发现集团公司于2023年5月对原注册资本为5 000万元的全资子公司某省华发机电有限公司，进行了减资处理，减资后的公司名称变更为某市华发机电有限公司，注册资本变更为500万元。

通过查看母子公司的账目和企业所得税纳税申报表，诊断小组认为子公司实际收到集团公司的投资款为1 000万元，注册资本5 000万元时，有4 000万元没有投资到位。子公司在减资后，共支付给集团公司1 000万元。集团公司未确认投资收益，而是将1 000万元全部作为子公司长期股权投资收回。

在减资的股东会决议中明确写明减资的4 500万元包括未到位的4 000万

元，以及已经出资到位的500万元。根据子公司的账目显示，扣除累计未分配利润和累计盈余公积金200万元，在收回的1 000万元中，应有300万元属于投资资产转让所得。

诊断小组依据《国家税务总局关于企业所得税若干问题的公告》（国家税务总局公告2011年第34号）第五条的规定，在诊断报告中列示"集团公司对该300万元应补缴相应的企业所得税，减少纳税风险"。

案例分析：投资损失是否可以税前列支有争议

企业对外投资是一种为了获取长期利益而将资金、技术、管理等资源投向其他企业或项目的行为，但并非所有的投资都会得偿所愿，毕竟被投资的企业是否能够持续经营都是未知因素。如果对外投资形成了损失，需要满足一定的条件才能在企业所得税税前列支。

2023年，某热电集团公司聘请税务师事务所为公司开展税收诊断工作。税务师事务所组建"五人诊断小组"进驻公司。

诊断小组通过国家企业信用信息公示系统查看集团与各子公司的股权及投资情况，并和各公司账面的实收资本与长期股权投资进行核对。

诊断小组关注到其中一个仅有1 000万元注册资本的全资子公司鑫胜管道公司，自2019年成立至2022年年末一直处于亏损状态，累计亏损额高达3 000万元，其主要债权人就是集团公司。

集团公司的财务人员向诊断小组介绍，鑫胜管道公司长期依靠集团公司的资金扶持，实际收到注册资本1 000万元，两年前就已经资不抵债。集团公司决定2022年末停止该子公司的经营活动。所以鑫胜管道公司目前处于待清算状态。

集团公司在2022年年末对鑫胜管道公司长期股权投资的1 000万元，计入投资损失，并未在2022年企业所得税汇算清缴中进行纳税调增。诊断小组对此提出异议。

诊断小组认为鑫胜管道公司的股东——集团公司计提长期股权投资的减值准备是具备条件的，但作为投资损失在企业所得税税前列支的条件不充分。根据《财政部 国家税务总局关于企业资产损失税前扣除政策的通知》（财税〔2009〕57号），该损失不符合股权投资损失的任何一条，所以应做纳税调增处理，并在实际清算完成后，减除可收回金额后再确认无法收回的股权投资。

第三篇 从不同税种层面看税收诊断

本篇从税种的角度介绍如何开展税收诊断工作。增值税、企业所得税和土地增值税作为较容易出现税收风险且涉及的金额比较高的三大税种，单独在第九章、第十章、第十一章进行介绍。房产税和城镇土地使用税是与不动产相联系的税种，在第十二章介绍；第十三章分别介绍个人所得税、印花税、城市维护建设税和契税。

第九章　税收风险诊断——增值税

增值税是保证国家税收稳定、合理增长、促进专业化协作生产和经营结构的合理化，以及对外贸易最重要的税种。增值税涉及领域之广，民众之多，几乎影响到所有商品的价格。每个百姓购买的商品中几乎都包含有增值税。

本章将从主要从增值税销项税额、进项税额、免抵退税与税收优惠的角度去诠释税收诊断的方法与思路，并通过案例来分析增值税如何开展税收诊断。

第一节　增值税销项税额风险诊断

当企业成为增值税一般纳税人后，计算增值税就需要采用一般计税法。一般计税法充分体现了增值税只对增值额计税的原则。相比简易计税法用销售额直接与税率相乘来计征增值税，一般计税法的计算过程也更为复杂，具体公式为

增值税应纳税额＝增值额÷（1＋适用税率）×适用税率＝（销售额－采购额）÷（1＋适用税率）×适用税率

当期销项税额＝含税销售额÷（1＋适用税率）×适用税率

当期进项税额＝含税采购额÷（1＋适用税率）×适用税率

当期销项税额是影响增值税最为重要的部分，当期销项税额的计算是根据不含税销售额乘以适用税率得出，所以诊断的重点要确定销售额的计算与税率的选择是否发生差错。

本节将重点介绍销售额其他的税收诊断内容，主要包括应计提销项税额的收款行为、视同销售、价外费用等。

应计提销项税额的收款行为诊断方法与思路

除了企业正常销售商品需要缴纳增值税以外，有些并非销售的行为也需要缴纳增值税，也有一些看起来不属于增值税应税行为，其背后是以真实销售业务为依托导致的漏缴增值税。具体诊断可以参考表9-1。

表 9-1 应计提销项税额的收款行为诊断程序表

序号	项目	诊断方法	政策依据	诊断结论
1	应付类账款是否存在应转未转的销售收入，以及逾期未退包装物押金收入	查看应付账款、预付账款、其他应付款的科目余额表，并与财务一一落实，进行凭证抽查并核实	《国家税务总局关于取消包装物押金逾期期限审批后有关问题的通知》（国税函〔2004〕第827号）《财政部 国家税务总局关于酒类产品包装物押金征税问题的通知》（财税字〔1995〕53号）	
2	政府补贴收入是否应属于销售收入范畴	查看政府补助文件，补助款是否与销售数量、金额挂钩，分析是否属于价外费用的情况	《企业会计准则》	
3	限售股减持是否缴纳增值税	（1）通过互联网平台"巨潮资讯"等第三方平台，获取限售股解禁信息、上市公司股东减持信息（包括被持股上市公司年报、权益变动等公告），并与纳税申报表进行比对分析；（2）查看长期股权投资中的股票资产是否出现减持行为	《国家税务总局关于营改增试点若干征管问题的公告》（国家税务总局公告2016年第53号）	

视同销售的税收诊断方法与思路

在增值税的规定中，视同销售的行为有十几种之多，主要在《中华人民共和国企业所得税法实施条例》《中华人民共和国增值税暂行条例实施细则》《国家税务总局关于确认企业所得税收入若干问题的通知》（国税函〔2008〕875号）可以查到。具体诊断可参考表9-2。

表 9-2　视同销售诊断程序表

序号	项目	诊断方法	诊断证据	诊断结论
1	是否将货物交付其他单位或者个人代销未计算增值税	查看账面库存与存货管理系统数据是否一致，有无已发货未确认收入的情况，账面是否使用发出商品科目		
2	是否存在以货易货、以货或服务抵债未计增值税的情况	核对存货发出数据与账面成本数据是否一致，寻找差异原因；查看应付预付账款借方发生额，是否存在抵顶的情况		
3	是否设有两个以上机构并实行统一核算的纳税人，将货物从一个机构移送其他机构用于销售未计算增值税	了解企业架构组织，是否存在两个以上统一核算机构，落实存货管理系统，查看发货情况是否存在内部移送的情况		
4	是否将自产或者委托加工的货物、服务用于非增值税应税项目未计算增值税	落实是否存在将产品用于集体福利、分红、业务招待、业务宣传、个人消费等情况，并核实增值税计算情况		
5	是否将自产、委托加工的货物，无形资产、不动产、服务用于集体福利或者个人消费未计算增值税	查看账面应付职工薪酬、管理费用、销售费用的对方科目是否为库存商品等存货科目，并核实增值税计算情况		
6	是否存在授权生产、商标权使用费等行为，是否收取相关费用，并确认收入并计提增值税	（1）观察企业是否存在相关业务； （2）查看有关公司的媒体报道； （3）查看上下游产业及关联方公司情况，并索取与提供无偿服务相关的证据		
7	为子公司提供服务的费用是否收取，是否确认收入并计提增值税			
8	是否为他人提供非公益事业或者以非社会公众为对象的无偿服务，是否确认计提增值税			
9	（1）无息借款视同销售是否确认利息收入； （2）收取其他单位资金占用费未确认收入的风险	（1）查看往来借款与利息收入的相关科目； （2）根据资金来源为借款的情况查看相关借款合同		

价外费用的税收诊断方法与思路

"价外费用"的概念属于增值税的特殊规定，是需要与销售额一并计算销项税额。价外费用是指在正常销售价款以外收取的各种性质收费，比如价外向购买方收取的手续费、补贴、基金、集资费、返还利润、奖励费、违约金、滞纳金、延期付款利息、赔偿金、代收款项、代垫款项、包装费、包装物租金、储备费、优质费、运输装卸费，以及其他各种性质的价外收费。也有一些项目的收费被排除在外，比如代收的特定政府性基金或者行政事业性收费、以委托方名义开具发票代委托方收取的款项、代收代缴的消费税、符合条件的代垫运输费用、代收保险费、收取车辆购置税及车辆牌照费等。

对于企业的收款行为是否属于价外费用计征增值税，或者应属于价外费用而多缴增值税，都是税收诊断关注的重点。在诊断过程中需要关注销售合同是否有关于价外费用的条款。

通过查看账面的营业外收入是否确认过类似款项，费用类科目负数发生额时需要确认是否存在收款行为，这些收款是否为包装费或运输费等属于价外费用的情况。

核实是否存在代收代付款项的行为，并查其他应收款或者其他应付款的明细科目，是否有与价外收入相关的内容。

案例分析：过节福利引发的增值税风险

企业将自产的产品对外捐赠，或者用于职工的福利相当于一种变相的销售业务，在企业所得税上应确认为视同销售的销售收入，同时还要计提增值税的销项税额。

某日用品生产公司在进行2022年度的税收风险诊断业务中，诊断人员发现财务部的每个人手里都有一个带有公司Logo的保温杯，于是利用中午吃饭的机会，与负责接待的办公室人员聊起公司的福利话题。

办公室人员介绍说，企业生产的保温杯主要出口其他国家，这款在国内还没有销售过，其他产品只要员工能用上的，基本都会给员工发福利。

诊断人员根据这个线索，立刻通过账面进行查证，发现确实有一笔分录是将发放福利的保温杯转到职工福利费上。同时按保温杯的成本价格做了进项税额转出的会计分录。

诊断人员通过进一步的询问，财务人员解释并未将所有分给员工的产品都计提税金，大部分采取了未计入产品账的方式。

诊断人员向财务人员列举相关法律政策的规定："企业将资产用于职工奖

励或福利，因资产所有权属已发生改变而不属于内部处置资产，应按规定视同销售确定收入。"所以财务人员将计入福利费的产品按进项税额转出来计算，显然也是不对的。而且隐瞒了部分应当计入福利费的产品，这都给企业埋下税收风险隐患。

案例分析：逾期押金纳税风险产生争议

在增值税的规定中，并非只对形成的销售收入计征增值税，对于达到一定条件的包装物押金，也需要计算征缴增值税。在实际操作中，这样的规定很容易被忽视导致企业面临税收风险。比如除啤酒、黄酒以外的其他酒类产品包装物押金，无论押金是否返还及会计上如何核算，均需并入酒类产品销售额中计算增值税。对于非酒类产品，出租出借包装物收取的押金，超过一年（含一年）以上仍不退还也需要并入销售额计算增值税。

某酒业集团公司安排诊断小组对成立仅三年的全资啤酒公司开展税收诊断业务。诊断人员首先与财务人员简单沟通了企业的客户群体、生产流程、供应商等信息，了解到该公司主要是通过代理商对外销售啤酒，该公司的代理商大约有30家，扩张速度比较快。

核查公司的往来款时，发现该公司的其他应付款有收取供应商的押金，其中有不少挂账的时间超过一年。通过查看记账凭证，诊断人员了解到押金主要是周转箱和啤酒瓶的押金。虽然周转箱比较结实，但啤酒瓶是易碎品，超过一年的包装物押金大多是长期周转没有退还，一部分是包装物破损无法退还的。

诊断小组询问财务人员对于这部分包装物押金是否计算增值税，才得知财务人员并未对这部分押金计算增值税。诊断小组随后向财务人员解释说，这种处理方式，在会计核算上确实符合谨慎性原则，但税法规定需要计征增值税。这种明显的漏计增值税行为将给企业带来涉税风险。

案例分析：收取赔偿违约金是否计算增值税惹争议

企业在经营过程中，会收取一些因经营活动产生的，但并非直接销售商品或服务的款项。那么这些与销售直接相关的收款也是需要交纳增值税，如违约金、赔偿金、滞纳金、延期付款利息等增值税价外费用。但并非收取的违约金、赔偿金都会被认定为增值税的价外费用。

诊断小组在对某设备生产公司进行税收诊断业务，诊断人员发现该公司的营业外收入中有收取的违约金和赔偿金，均未计提增值税。为防止出现价外费用漏缴增值税情况的发生，诊断人员立即决定详细审查企业收取违约金和赔偿金的真实原因。

诊断人员查看了相关的会计凭证，并通过财务人员了解事情的起因，查看了相关的合同和法院的判决书。从销售合同和法院判决书的内容记载，营业外收入中的50万元违约金，是因客户未按合同付款由法院强制执行收取的款项。

营业外收入中另外一笔赔偿金，则是因为采购的钢材出现质量问题，导致产品出现大量残次品。最终经过双方的磋商，供应商承担了部分产品的损失，共收到30万元的赔偿金。

诊断人员随即在诊断报告中披露，50万元违约金属于增值税的价外费用，并注明所依据的政策内容"销售额为纳税人发生应税销售行为收取的全部价款和价外费用，但是不包括收取的销项税额"。同时还明确："价外费用，包括价外向购买方收取的手续费、补贴、基金、集资费、返还利润、奖励费、违约金、滞纳金、延期付款利息、赔偿金、代收款项、代垫款项、包装费、包装物租金、储备费、优质费和运输装卸费，以及其他各种性质的价外收费。"

财务人员在事后查看诊断报告时，仍然未能理解，便向诊断人员咨询为何什么赔偿金不用计提增值税。诊断人员强调价外费用一定是与销售行为相关，而公司收取的赔偿金是因采购业务产生，因此不用缴纳增值税。

案例分析：名为补贴收入实为销售收入

企业获得补贴收入，主要是企业为当地百姓提供了某些支持，或者因保护地方利益受到损害而获得的财政捐助，需要与为政府提供商品或服务相区分。当企业与政府之间存在商业实质时，这种交易则具有经济上的互惠，那么企业因此获得了政府拨付的资金，则不能被认定为补贴收入。

诊断人员在对某建筑公司进行税收诊断时，关注到利润表中有一笔120多万元的政府补贴收入。建筑公司出现补贴收入这本身就是一件引人关注的事情。诊断人员查看了补贴收入的会计凭证，会计凭证后面的原始附件是政府拨款的收据。收据的事由栏仅注明"拨款"字样，但在备注栏中，列示一串号码。

财务人员解释说，这笔补贴收入的形成是因为公司协助政府完成了一项棚户改造拆迁的工作。这一串号码应该是政府文件的号码，但未能提供其他证明材料。诊断人员向财务人员说明如果不能提供政府文件及补贴收入证明材料，是不能确定为补贴收入，也就不能享受不征税收入的待遇。

诊断人员看财务人员始终无法提供资料，便直接向工程部门了解情况。工程部门提供的信息则是该业务就是一笔工程收入，收据上的号码应该是合同号，并提供了与政府签订的工程施工合同副本。最终诊断人员按照政策的规定"纳税人取得的财政补贴收入，与其销售货物、劳务服务、无形资产、不动产的收入或者数量直接挂钩的，应按规定计算缴纳增值税"提交了诊断报告。

第二节 增值税进项税额风险诊断

在销项税额确定的情况下，一般纳税人能够取得的进项税额直接影响到缴纳增值税的额度，所以进项税额是增值税诊断最主要的内容之一。

进项税额诊断的内容主要是不得抵扣的进项税额，以及与增值税专用发票直接相关的税收诊断。

不得抵扣进项税额的税收诊断方法与思路

因管理不善造成的非正常损失、不予以退还的质保金、用于简易计税方法计税项目、免征增值税项目、集体福利或者个人消费的购进货物、加工修理修配劳务、服务、无形资产和不动产等形成的进项税额用于抵扣的，均需要作进项税额转出处理。

具体规定在《中华人民共和国增值税暂行条例》及其实施细则、《财政部 国家税务总局关于全面推开营业税改征增值税试点的通知》（财税〔2016〕36号）（以下简称财税〔2016〕36号）中规定得较为详尽。诊断人员需要熟悉掌握这部分政策内容。

在具体诊断时，还要特别注意诊断的方法，比如诊断企业是否有用于简易计税方法计税项目、免征增值税项目的增值税进项税额用于抵扣，可以采用以下诊断方法。

（1）确定企业是否单独并准确核算增值税简易计税方法计税项目、免征增值税项目收入。

（2）通过企业申报数据分别测算企业一般计税项目、简易计税项目的增值税税负，通过横向、纵向比对，分析税负差异。

（3）查看"生产成本"主要原材料消耗的结构比率与同行业进行对比，分析比率差异。

（4）抽查企业原始凭证和相关供货合同，将其与供货方信息、材料种类等进行比对，确认是否存在项目归属错误的材料成本费用。

在对其他不得抵扣的进项税额进行诊断时，还可参考表9-3。

表9-3 不得抵扣的进项税额诊断程序表

序号	项目	诊断手段	诊断证据	诊断结论
1	是否有用于集体福利或者个人消费的购进货物、加工修理修配劳务、服务、无形资产和不动产的进项税额用于抵扣	对收入类型进行分析，再抽查增值税进项税额明细，与福利费、个人消费等相关的会计凭证进行重点抽查		
2	纳税人的交际应酬消费是否用于抵扣	审查增值税进项税额明细项目，查看业务招待费科目的明细发生额，抽查存在疑点的会计凭证		
3	是否有非正常损失的购进货物、在产品、产成品所耗用的购进货物（不包括固定资产）、不动产，以及相关的加工修理修配劳务和交通运输服务的进项税额用于抵扣	询问生产部门、固定资产管理部门是否发生过非正常损失的情况，查看营业外支出的发生额，对财产损失会计凭证逐一审核		
4	是否有购进的旅客运输服务、贷款服务、餐饮服务、居民日常服务和娱乐服务的进项税额用于抵扣	审查增值税进项税额明细项目，与个人差旅费相关的账目与凭证，以及贷款服务、餐饮服务、居民日常服务和娱乐服务等相关的账目和会计凭证进行抽查		
5	是否将与贷款直接相关的投融资顾问费等不能抵扣的进项税额，进行了抵扣	审查咨询费会计凭证，对涉及抵扣的业务需要核对咨询合同		

续上表

序号	项目	诊断方法	诊断证据	诊断结论
6	不予退还的质保金是否作进项税额转出	查看往来款中是否有质保金，并抽查会计凭证		
7	发生原材料退货或销售折让是否按规定取得增值税红字专用发票并作进项税额转出	（1）向采购部门了解企业是否发生过原材料退货和销售折让的情况，并抽查此类业务的财务处理，通过增值税纳税申报表进行核对； （2）对原材料采购的贷方发生额或者借方红字发生额进行抽查，查看原材料仓库账的退货记录		
8	是否存在将采购获得的返利计入其他应付款、其他应收款等往来账或冲减销售费用，而不按规定作进项税额转出的情况	向采购部门了解企业是否存在原材料采购返点情况，抽查采购合同关注返点返利业务。对其他应付款和其他应收款明细、销售费用借方红字发生额进行分析		
9	商业企业向供货方收取的与商品销售量、销售额挂钩（如以一定比例、金额数量计算）的各种返还收入，是否作了进项税额转出处理	（1）了解除企业与供应商是否存在返还的相关业务； （2）对返还相关业务的账务处理进行查证		

增值税专用发票填写的风险

增值税专用发票填写的具体诊断可以参考表9-4。

表9-4 增值税专用发票填写诊断程序表

序号	项目	诊断方法	诊断证据	诊断结论
1	是否将项目填写不齐全的运输发票作为进项税额抵扣	审查运输科目的发生明细，并对已经抵扣的进项税额发票进行抽查		
2	用于抵扣进项税额的增值税专用发票是否有填写错误或填写不全	对已经抵扣的大额进项税额发票进行抽查		
3	是否将开票单位与收款单位不一致或票面所记载货物、劳务和服务与实际不符的发票用于抵扣			

续上表

序号	项目	诊断方法	诊断证据	诊断结论
4	因采购过程产生的折让、中止或者退回而收到的红色增值税专用发票,其进项税额是否从当期的进项税额中抵减	查看会计凭证,核实是否存在购买者因销售折让、中止或者退回的情形,并确认进项税额是否抵减		
5	销售液体乳、乳制品、酒、酒精、植物油的增值税一般纳税人,进项税额是否核定扣除和以票抵扣重复抵扣进项税的情形	核实企业是否属于核定扣除的适用范围,查看抵扣进项税的会计凭证及明细账,核实是否存在以票抵扣、核定抵扣重复抵扣的情形		
6	(1)用于抵扣进项税额的增值税专用发票未通过防伪税控系统开具销售货物或者提供应税劳务清单; (2)未通过增值税电子发票开具系统开具发票	(1)抽查大额和重要的增值税进项税额抵扣凭证,核对购进项目填写是否规范完整,发票内容是否与合同或协议一致; (2)通过国家税务总局全国增值税发票查验平台查询发票的真实性		

案例分析:同样是过节福利,计税方式却不相同

与将自产的产品用于福利、分配、投资需要视同销售按市场价格计算增值税销项税额不同,如果将购买的商品用于职工福利,则需要作进项税额转出处理。

某洗化公司主要从事化妆品与日用品的生产与销售。在进行税收诊断时,诊断小组恰巧赶上"三八妇女节"。公司正在给女职工发放节日福利,每名员工一台电热水壶、一台电饭煲。诊断负责人于是让诊断人员一会拿到会计凭证时关注下他们的福利费开支账务是怎么处理的。

诊断人员对该公司的福利费进行了详细的审查,还抽查了相关的会计凭证。发现购买电热水壶及电饭煲的发票都是增值税专用发票,并且在1月份购买后就进行了进项税额的抵扣。本次发放给职工的账务处理尚未进行。

诊断人员与会计人员沟通了解到,该批电热水壶、电饭煲当时购买是为促销产品,将其作为绑定自制的产品一同出售给客户,所以取得发票时就正常抵扣了进项税额。促销活动结束后,购买的这批小家电尚未用完。这次过节,领导就想把这批剩余的小家电作为职工福利发放给职工。

会计人员针对发放福利的小家电如何进行账务处理时,会计人员则含糊

其词，没有明确处理方式。诊断小组的负责人针对这一情况，向会计人员解释购买的这批电热水壶、电饭煲作为赠品时，取得增值税专用发票进项税额是可以正常抵扣，但改变用途作为职工福利，那就不允许抵扣进项税额，需要做进项税额的转出处理，这也是税法等相关法律明确规定的。

经过诊断人员进行一步的审查，该公司因购进的商品改变用途作为员工福利的现象经常发生，但财务人员都未对进项税额进行转出的处理，仅就2023年该公司就有将近10万元进项税额需要作转出处理，这无疑给企业留下税收隐患。

案例分析：应抵未抵进项税额导致税收成本增加

对用于简易计税方法计税项目、免征增值税项目、集体福利或者个人消费的购进货物、加工修理修配劳务、服务、无形资产和不动产的进项税额不得抵扣，但其中涉及的固定资产、无形资产、不动产，仅指专用于上述项目的固定资产、无形资产（不包括其他权益性无形资产）、不动产。

也就是说，如果购入的固定资产同时用于非应税项目和应税项目，那么固定资产的进项税额也是可以抵扣的。但企业的财务人员在无法准确判断的时候会采取谨慎态度，能不抵扣就尽量不抵扣，为防止误判断而导致自身差错。但这样的态度也会导致企业增加不必要的税收成本。

某设备公司在进行年度税收诊断时，聘请会计师事务所王部长担任此次税收诊断工作的组长。一日清晨，王部长顺道乘坐财务部长的车刚到达公司，看到一辆崭新的大巴车驶进公司大院，从车上走下来很多上班的员工。

王部长立刻询问正在停车的财务部长关于大巴车的事情。财务部长介绍说，这辆大巴车确实是公司2024年7月刚买的，主要用来接送员工上下班，平时也用于接待来公司参观的客户和接送员工到其他厂区。

随后，王部长对负责固定资产涉税业务诊断的工作人员特意强调要调查一下有关这辆大巴车的进项税额抵扣情况。

经过查证，这辆大巴车的进项税额并未抵扣。记录此笔业务的会计人员认为购买的大巴车虽然也会用于日常办公接送人员，但主要还是用于接送员工上下班。既然是接送员工之用，也就属于公司的福利，因此未抵扣进项税额。

诊断小组的工作人员向会计人员列举税法的规定后，财务人员也找来大巴车会用于公司日常的经营活动的证据。次月，财务人员对大巴车的进项税额进行了抵扣，减少了企业的税收成本。

案例分析：涉及财产损失的进项税额，未必都做转出处理

当企业发生购进货物，在产品、产成品发生了非正常损失，那么其所耗用的购进货物、不动产及相关的加工修理修配劳务和交通运输服务的进项税额则不能用于抵扣。如果已经抵扣了则需要作进项税额转出。

但是并非所有的非正常损失都需要作进项税额转出，只有因管理不善造成被盗、丢失、霉烂变质的损失才属于增值税相关法律中规定的非正常损失。

某食品生产销售公司在进行年度的税收诊断业务，诊断人员发现营业外支出中一笔226万元费用，因涉及金额较大，引起了财务人员的关注。

诊断人员从会计凭证的附件中了解到该笔支出的由来，是因为突降暴雨造成城市内涝，公司仓库被淹。仓库中价值200万元的原料和产品全部过水，无法使用或销售。诊断人员发现公司的张会计将该批货物所对应的进项税额全部进行了转出处理，并计入到营业外支出中。

经过沟通，诊断人员了解到张会计之前任职的食品公司，由于管理员疏忽引发的霉烂变质导致产品损失，根据主管税务机关要求作进项税额的转出处理，因此在这次财产损失的事件中张会计依据以往的经验操作了此次的账务处理。

显然这是一件因政策理解不充分导致了企业多缴税的情况。诊断人员耐心向张会计解释，虽然两次都是财产损失，但性质却并不一样的。

非正常损失是指因管理不善造成被盗、丢失、霉烂变质的损失。而服装厂的损失是符合政策规定的，因此此前张会计的处理方式是对的，进项税额要转出。但这次损失是暴雨导致，并非管理不善造成，更不是被盗、丢失、霉烂变质，所以无须做进项税额转出。

第三节　增值税税收优惠诊断

增值税的减免税政策中，最为复杂的就是出口业务中涉及的"免、抵、退"等相关内容。除此之外，对于小规模纳税人、科技企业、自主就业退役士兵、金融机构等特殊纳税人，以及资源综合利用、农产品生产销售等特殊行为均有增值税的税收优惠政策。

增值税税收优惠诊断主要是关注优惠政策的利用是否充分或过度。应享未享优惠政策增加了企业的税收成本，不应享受但采用不正确的手段达到免税、退税也会给企业带来税收风险。

税收优惠诊断方法与思路

在对增值税税收优惠诊断时，最主要是关注企业是否扩大了减免税范围，对零税率、简易征收、免税产品的把握是否到位。当增值税优惠属于阶段性政策时，企业的财务人员对政策掌握是否及时，避免出现增加税收成本，或扩大税收风险的情况。

诊断人员可以采用以下手段来进行诊断：

（1）了解企业的实际业务，抽查销售合同确定适用税率；

（2）查看增值税纳税申报表中的免税额、零税率、简易征收是否存在数据列示，对关注无免税备案但有免税销售额的情况；

（3）增值税纳税申报表中显示企业存在"免、抵、退"、先征后退、即征即退等税收政策应用的，是否符合税法的规定。

对于特定行业和特殊交易行为减免增值税的审核，可以参考表9-5。

表9-5 特定行业和特殊交易行为减免增值税诊断程序表

序号	项目	诊断手段	诊断证据	诊断结论
1	国债、地方债转让收入是否混为持有期间的利息收入、少缴增值税	查看利息收入及金融资产转让、投资等科目的发生额		
2	统借统还业务中，向下属单位收取高于支付给金融机构借款利率水平的利息是否计算增值税	（1）查看往来款中的资金来源类科目，关注与上级及下属公司的往来款发生额及余额； （2）对关联公司的借款合同或相关利息约定的内容进行审核； （3）确定源头的资金是否来源于金融机构，或通过发债权获得资金等		

续上表

序号	项目	诊断手段	诊断证据	诊断结论
3	是否按照规定单独核算或合理划分资源综合利用增值税即征即退产品的进项税额	(1) 查看收入账，是否对资源综合利用形成的收入单独核算； (2) 抽查合同，了解工艺过程，确定归集收入的金额准确性		
4	是否存在违反税收、环境保护法律法规受到处罚的企业违规享受资源综合利用增值税即征即退的优惠	查看天眼查等网站，核实是否有处罚记录，查看营业外支出及管理费用明细，是否有罚款支出		
5	(1) 是否存在不符合享受涉农项目优惠政策条件而享受相关优惠政策； (2) 是否扩大农产品范围，将非免税农产品作为成免税农产品确认收入	(1) 勘察生产场地、种植养殖场地，判断是否符合涉农免税政策； (2) 查看账面收入及纳税申报表数据		

案例分析：应享未享抵扣额加计政策损失数十万元

为扶持自主就业退役士兵，国家出台了对退役士兵的各项税收优惠政策。但是企业在实务操作中，往往对政策掌握不及时导致企业未能应享尽享优惠政策，这也给企业带来不必要的税收损失。

贝希建筑公司邀请税务师吴娟带领诊断小组对企业进行税收诊断调查。在调查过程中，吴娟了解到总经理胡明是军人出身。胡明认为军人更为忠诚，所以在招聘员工时，也更倾向于招聘有军人经历的员工。

于是，诊断小组特意关注了退役士兵优惠政策是否应享尽享受。在知道公司共有十几位退役士兵后，诊断小组索取了员工名单及个人相关资料，查明符合条件的退役士兵一共17人。这17人均已缴纳了社会保险金，工资发放正常。

根据自主就业退役士兵创业就业有关税收政策的规定，贝希建筑公司可以抵减每人每年6 000元的增值税，17人就是10.2万元，三年就是30.6万元。

但是诊断人员在增值税纳税申报表中，并未发现税款抵减的金额。显然企业因没有掌握这个税收优惠政策，导致企业增加税收成本，这是另外一个角度的税收风险。诊断小组将了解到的情况均撰写进诊断报告并提交到公司董事会。

案例分析：企业间的无息借款到底该不该交增值税

　　非金融企业之间发生了借贷而产生的利息收入，是否属于征收增值税的范围呢？有关这个问题，在《销售服务、无形资产、不动产注释》第一条第五项中有着明确的规定："……贷款，是指将资金贷与他人使用而取得利息收入的业务活动。各种占用、拆借资金取得的收入，包括金融商品持有期间（含到期）利息（保本收益、报酬、资金占用费、补偿金等）收入、信用卡透支利息收入、买入返售金融商品利息收入、融资融券收取的利息收入，以及融资性售后回租、押汇、罚息、票据贴现、转贷等业务取得的利息及利息性质的收入，按照贷款服务缴纳增值税。……"

　　同样，如果非金融企业之间发生了借贷免收利息的行为，与其他"视同销售"的行为一样，是需要对免收取的利息计算增值税的。

　　某集团对下属负责游艇船体制造的子公司进行税收诊断。由于子公司的往来款金额巨大，诊断小组决定将往来款作为重点关注的内容之一。

　　诊断小组发现其他应收款中余额最大的是某科技公司。子公司在当年共向该科技公司借款三次，借款余额达 1 400 万元。而资金来源主要是银行贷款 300 万元，以及向集团公司的借款 800 万元。

　　诊断小组从财务人员口中得知，该科技公司的负责人是子公司总经理的表弟。2024 年到了研发的关键节点，投资人却不再投资，导致科技公司只能向外界求助，到处借款。子公司的总经理又与集团公司董事长是三年同窗，所以征得集团董事长的同意，允许子公司在 1 500 万元的额度内，给予科技公司不超过 1 年的短期资金用于周转。

　　在科技公司的借款合同中，诊断人员发现双方并未约定利息。财务人员出示了集团文件并解释，关于一年内免利息是经过了集团审批同意的。

　　但是诊断小组却强调，虽然子公司对外借款的审批手续均符合集团规定，但是无息借款的利息需要计算缴纳增值税，却保持不同的看法。诊断小组看出财务人员不置可否的态度，便继续解释关于无偿借贷免征增值税确实有文件：《关于延续实施医疗服务免征增值税等政策的公告》（财政部 税务总局公告2023 年第 68 号）但仅限于对企业集团内单位（含企业集团）之间的资金无偿借贷行为免征增值税，且执行期限至 2027 年 12 月 31 日。

第十章　税收风险诊断——企业所得税

企业所得税是根据应纳税所得额乘以税率计算得出。应纳税所得额则是在会计利润的基础上，根据《中华人民共和国企业所得税法》的规定调增或者调减后所形成的。计算公式为

应纳税所得额＝收入总额－不征税收入－免税收入－各项扣除－允许弥补的以前年度亏损

因此，在对企业所得税开展税收诊断时，将重点关注影响应纳税所得额的收入、扣除项目、纳税调整及弥补亏损和企业所得税优惠政策五个方面。

第一节　收入的风险诊断

企业所得税的征收范围非常广泛，在我国境内的企业、取得收入的组织，只要有所得均属于企业所得税的纳税人。这里所说的所得，包括生产经营所得、非生产经营所得和清算所得。

企业所得税中的收入总额，包含的内容与《企业会计准则》中的收入并不相同，甚至要更为广泛一些。具体包括：销售货物收入，提供劳务收入，转让财产收入，股息、红利等权益性投资收益，特许权使用费收入，租金收入，企业资产溢余收入及其他收入。这部分内容的税收诊断可参考增值税销项税额诊断、销售业务诊断、资产管理诊断。对于不征税收入和免税收入的税收诊断将在企业所得税优惠诊断中详细说明。

本节将重点介绍其他收入的税收诊断。其他收入包括确实无法偿付的应付款项、逾期未退包装物押金收入、汇兑收益、资产溢余收入、已作坏账损失处理后又收回的应收款项、债务重组收入、违约金收入、减免流转税、补贴收入、政府奖励、以旧换新、售后回购等。

税收诊断方法与思路

企业非经营收入的一些特殊的规定，在诊断时需要关注是否存在税收风险，参考表10-1。

表10-1 企业所得税非经营收入诊断程序表（部分）

序号	项目	诊断手段	诊断证据	诊断结论
1	是否存在确实无法偿付的应付款项，如质保金、保证金等应并入却未并入当期应纳税所得额	（1）查看应付款项各明细科目的余额，核实超过两年仍未支付且无发生额的原因； （2）抽查当年的原始凭证与合同进行核对，判断业务真实性，以及继续支付的可能性		
2	是否存在逾期未退包装物押金收入，已并入当期应纳税所得额	（1）查看其他应付款及应付账款等科目是否存在挂账的包装物押金； （2）了解押金的收取政策，以及与客户签订的合同关于包装物押金的约定，确定押金期限		
3	非记账本位币的货币资金，应采用中国人民银行发布的人民币汇率中间价来折算形成的汇兑收益是否并入当期应纳税所得额	查看营业外收入、财务费用等科目，是否按期计提损益，并复核核实计提的准确性		
4	企业资产溢余收入、已作坏账损失处理后又收回的应收款项、债务重组收入、违约金收入等是否均已计入当期应纳税所得额	（1）可以先口头了解是否存在这些情况，并注意观察与此类业务的相关部门，在沟通时了解是否存在此类业务； （2）发现疑点的，继续落实账务处理，取得证据并进行判断		
5	是否存在各种减免流转税、补贴、收到政府奖励等未按规定计入应纳税所得额	（1）关注往来账户贷方余额的户名为政府单位的、有补贴字样的、税款字样和明显为非经营活动的户名，查看业务发生的凭证，对方科目是否为银行存款； （2）了解业务发生原因，查找合同及拨款文件		

续上表

序号	项目	诊断手段	诊断证据	诊断结论
6	以旧换新业务是否按销售全额确认收入	（1）通过沟通了解企业是否存在以旧换新的销售模式，并了解和查看以旧换新的公司政策； （2）穿行测试查看以旧换新的流程，确定数量、方式、人员等信息，并查看原始凭证		
7	售后回购业务符合确认收入条件的是否按售价确认收入	（1）通过了解企业是否存在售后回购的销售模式，并查看售后回购的公司政策； （2）取得售后回购业务的相关资料合同，并查看原始凭证		

案例分析：这样一笔应付账款是确认收入还是冲减成本

为确保成本核算的准确性，企业在收到原材料但尚未支付货款时，通常暂估应付账款进行核算，并在次月或收到发票时冲回暂估应付账款。然而，若出现会计人员更换等情况，可能导致暂估应付账款长期挂账，进而引发税款计算错误，增加税收风险。

诊断小组对某饮料生产销售企业开展税收诊断工作。诊断人员对公司的往来款进行账龄分析时，发现公司有两笔应付账款，挂账时间已经超过3年。诊断人员随即与财务人员沟通，但从财务人员口中得知最近几年财务人员变动情况较大，无法解释清楚原因。

诊断人员通过查看采购合同、账簿、会计凭证、入库单等相关信息，发现其中的一笔100余万元的应付账款，其业务的实际情况是公司购买了400万元的原材料，但是仅支付了300万元的货款。由于对方交付的原材料质量瑕疵，并且存在多处违约行为，双方一直未能达成一致意见，最终经过判决，剩余的100余万元无须再支付给对方。但新任的财务人员不了解情况，未能及时根据判决进行相关账务处理。

另外一笔应付账款金额为200万元，收到原材料但尚未付款，因此财务人员对该业务进行了暂估入账。但该笔款项实际已经取得对方开具的发票后，新任财务人员却未将其暂估应付账款进行红冲处理，而是又进行了入库的账务处理，并支付了全部款项。

最后，诊断人员在诊断报告中，详细描述了两笔业务的税收风险结论。第一笔无须支付的100余万元应付账款，应确认为公司的收入计算企业所得税。第二笔暂估入账的200万元应付账款未做红冲处理，导致多计成本，应该冲减原材料及对应的生成成本、库存商品和主营业务成本。

案例分析：收到减免的增值税为何要交企业所得税

每个税种减免税都有单独的政策规定，并非增值税减免了就一定会在企业所得税中减免，也不是减免增值税就不需要缴纳企业所得税。但企业的财务人员在实际操作中，对税收法条掌握不全，想当然地推定税收规定，这往往会给企业带来风险隐患。

诊断小组在对某旅游公司进行2023年度税收诊断时，发现企业所得税纳税申报表中的纳税调整项目明细表中"（七）不征税收入"中，有21万余元的数据。诊断小组认为旅游公司获得不征税收入的可能性较小，因此与财务人员进行认真地沟通。

财务人员解释说，这是一笔增值税加计抵减形成的，是根据《财政部 税务总局关于明确增值税小规模纳税人减免增值税等政策的公告》（财政部 税务总局公告2023年第1号）文件中"……允许生产性服务业纳税人按照当期可抵扣进项税额加计5%抵减应纳税额"的规定计算得出，属于财政性资金，为不征税收入。

诊断人员在营业外收入中查到这笔增值税的记录，但同时也向财务人员解释，虽然享受增值税的优惠政策，但所获得的减免额并不属于企业所得税的减免税范畴。不征税收入中包括的财政性资金，需要满足一定条件才能确认为不征税收入。

确认为不征税收入的条件包括企业能够提供规定资金专项用途的资金拨付文件；财政部门或其他拨付资金的政府部门对该资金有专门的资金管理办法或具体管理要求；企业对该笔资金及以该资金发生的支出进行单独核算。

看到诊断小组出示的政策文件，财务人员向总经理汇报后，及时补缴了企业所得税，避免了税收风险。

第二节 扣除项目的税收诊断

扣除项目是企业所得税特有的规定，包括了企业正常发生的成本、费用、营业外支出、税金及附加等。由于企业所得税是按年度汇算清缴的，如果各年度之间的扣除项目相互混同，就容易造成企业所得税差错，这也是诊断扣除项目时重点关注的。

税收诊断方法与思路

在扣除项目的税收诊断中，对于在业务层面诊断、增值税进项税额诊断和资产管理诊断中与企业所得税扣除相关的，应统一进行调整外，还要特别关注企业的财产损失是否符合税前列支的标准，以及企业是否对扣除项目的确认时点进行刻意的调整，从而达到调整企业所得税的目的。

关于企业是否存在成本调节的税收诊断程序可参考表10-2。

表10-2 成本调节诊断程序表

序号	项目	诊断手段	诊断证据	诊断结论
1	领料时可能出现后进先出，造成期末存货成本偏低，销货成本偏高	(1) 存货成本偏低时，与成本会计沟通确定成本结转方式； (2) 可抽查主要原材料和库存商品的发出计价，查看结转成本的方法		
2	原材料、产成品的结转方式是否发生变动，如原来使用先进先出，之后变更为加权平均法，导致对利润产生影响，并起到调节税款金额的目的	(1) 毛利率发生异常，且证据显示为成本异常的，取得本年购入材料的平均单价、期末剩余材料的平均单价和结转成本部分的单价进行对比，查看哪些原材料或者库存商品的结转存在异常； (2) 可抽查主要原材料和库存商品的发出计价，查看结转成本的方法是否发生变化		
3	企业是否以发票作为入账基础，货到票未到是否已暂估入账；如果已暂估入账，后期收到发票是否已作出相应调整	(1) 抽查大额材料采购的原始凭证； (2) 对暂估入库后取得发票的账务处理，根据取得发票的账务处理，抽查原始凭证并查看原始凭证中的发票； (3) 落实材料的盘点情况，若为盘盈，落实具体原因（是否为已入库财务未暂估），并核实账面暂估的计提及冲减是否和后期取得发票有对应关系； (4) 现场抽查主要原材料及库存商品情况		

续上表

序号	项目	诊断手段	诊断证据	诊断结论
4	是否未按税法规定年限计提折旧，随意变更固定资产净残值和折旧年限	（1）取得企业固定资产清单明细，分类查看各类资产的折旧年限是否低于税法规定的折旧年限； （2）查看计提折旧对残值的规定； （3）核对两年折旧额，了解计提折旧的政策变化情况		
5	各类摊销是否符合会计及税法的规定	查看企业对无形资产、长期待摊费用的摊销的年限		

案例分析：改变成本结转方式意在调节当期税款

成本是对企业所得税影响最大的一项扣除项目。在企业所得税税收诊断中，成本诊断是最为重要一环，特别关注企业通过改变成本结转的计价方法、改变成本核算方法等手段来调节利润。

某食品加工销售公司聘请了诊断小组对公司开展税收诊断工作，诊断人员通过毛利率的计算，发现企业2024年的毛利率相比2023年下降10%，这引起了诊断人员的怀疑。

诊断人员随即对比企业两年的收入、成本。发现近两年企业的收入都较平稳，没有发生较大的变化。因此诊断人员将其诊断重点放在企业的成本中。

诊断人员从库存商品中挑选了企业日常销量较大的三种产品，对其两年的存货成本进行了测算。经过测算发现该企业2023年对于成本的计算采用加权平均法计算，而2024年则采用先进先出法。于是诊断人员将其测算的成本计算结果呈现在财务人员面前时，财务人员承认了利用存货发出计价的方法调节当期的利润。

诊断人员向其财务人员解释《中华人民共和国企业所得税法实施条例》第七十三条"企业使用或者销售的存货的成本计算方法，可以在先进先出法、加权平均法、个别计价法中选用一种。计价方法一经选用，不得随意变更"的规定，并指出利用存货发出计价方法调节当期利润将面临非常严重的税收风险。

案例分析：财产损失是否扣除取决于什么

增值税与企业所得税对于企业发生财产损失的定义不完全相同。企业因管理不善造成被盗、丢失、霉烂变质等非正常损失是需要作进项税额转出的。那么在企业所得税中转出的进项税额及损失额是否可以税前列支呢？

诊断小组对某食品公司开展税收诊断业务时，查看公司的企业所得税纳税申报表，发现"纳税调整项目明细表"中的"资产损失"项目中调增金额填写了60万元。在对本项目详细说明的附表"资产损失（专项申报）税前扣除及纳税调整明细表"中，60万元的纳税调增金额填写在"非货币资产损失"中，调整原因是原料霉烂变质共计70万元，收到员工赔偿款10万元，共计损失60万元。

诊断人员向财务人员索取该批存货处理的公司文件，了解到该事情的真实情况，是由于管理员的工作失误，造成一个原料库的一半材料发生了霉烂变质，损失共计70万元（包含进项税额转出的增值税）。经过董事会决议，由管理员赔偿10万元，其余损失由公司自行承担。

对于企业所得税税前调增的原因，财务人员解释因为增值税进项税额要作转出处理，所以企业所得税自然不能税前扣除。

诊断人员向财务人员出示了《财政部 国家税务总局关于企业资产损失税前扣除政策的通知》（财税〔2009〕57号）的规定："八、对企业毁损、报废的固定资产或存货，以该固定资产的账面净值或存货的成本减除残值、保险赔款和责任人赔偿后的余额，作为固定资产或存货毁损、报废损失在计算应纳税所得额时扣除。""十、企业因存货盘亏、毁损、报废、被盗等原因不得从增值税销项税额中抵扣的进项税额，可以与存货损失一起在计算应纳税所得额时扣除。"

第三节 纳税调整及弥补亏损的税收诊断

对于企业发生的正常经营支出，在企业所得税税前列支是有限制性规定的，所以在纳税申报时需要进行大量纳税调整。如果以往年度存在应纳税所得额为亏损情况的，企业即使当年形成了应纳税所得额，也是允许先进行弥补亏损，再计算企业所得税。

税收诊断方法与思路

企业会计核算的成本费用中，需要进行纳税调整的项目比较多，在具体诊断时，需要针对文件中规定的纳税调整项逐一进行核对。在表 10-3 中列举了部分调整项目，可以在实际工作中参考。

表 10-3 纳税调整项目诊断程序表（部分）

序号	项目	诊断手段	诊断证据	诊断结论
1	（1）工会经费、职工教育经费、福利费是否超过标准，超过标准部分是否进行了纳税调增； （2）计提且需要上缴的工会经费，是否取得工会经费拨缴款专用收据	（1）应付职工薪酬明细科目下工会经费、职工教育经费、福利费当期贷方发生额与借方发生额相比对；并根据比例重新计算计提数据； （2）对工会经费科目凭证全部抽查，查看附件是否取得工会经费拨款专用收据或者完税证明		
2	广告及业务宣传费，超过标准部分是否纳税调增；以前调增的部分在本年度可以调减的，是否调减	（1）重新计算广告费可列支金额并与实际发生额进行对比； （2）查看以前年度的企业所得税纳税申报表是否存在广告及业务宣传费调增的情况		
3	业务招待费超过标准部分是否进行纳税调增；是否变通费用列支范围，将应记入业务招待费范畴的费用记入其他支出项目	（1）可通过摘要筛选"烟、酒、餐费"关键字眼，确定是否有将业务招待费隐藏在其他科目中。对管理费用、销售费用、制造费用等科目有关与业务招待费相关的明细累计发生额进行汇总； （2）导出所有取票明细，根据项目名称筛选统计并与账面列支招待费金额进行比对； （3）重新计算可列支的业务招待费标准进行比对		
4	是否超标准、超范围为职工支付社会保险金和住房公积金，且未进行纳税	（1）通过序时账筛选"保险"等关键字，查看保险金相关科目，并抽查金额异常的会计凭证，查看与商业保险相关的会计凭证； （2）抽查主要人员的社会保险金和住房公积金的缴纳基数，与可列支的金额进行比对		

续上表

序号	项目	诊断手段	诊断证据	诊断结论
5	佣金收取对象是否为具有合法经营资格的中介机构及个人	通过国家企业信用信息公示系统，查看提供佣金服务机构的经营范围是否有合法资质，或直接索取机构在公司的备案资料		
6	营业外支出中是否取得合理票据，行政性的罚款、税收滞纳金、罚金和被没收财物的损失、赞助支出	核对营业外支出中的明细，对可能税前列支的款项抽查原始凭证确定合法性，如保险滞纳金可以税前扣除		
7	是否存在不符合条件或超过标准的公益性捐赠支出，未进行纳税调整	查看捐赠支出凭证，判断是否属于公益性捐赠，是否取得公益捐赠票据		
8	是否将不符合国务院财政、税务部门规定的各项资产减值准备、风险准备金等支出予以税前扣除	查看账面是否有计提未实际发生的各项准备金，包括坏账准备、存货跌价准备、资产减值准备等		

企业在计算应纳税所得额需要先弥补亏损，一般企业最长弥补亏损时间不得超过5年。但对于高新技术企业，国家则规定自2018年1月1日起，当年具备高新技术企业或科技型中小企业资格（以下统称资格）的企业，其具备资格年度之前5个年度发生的尚未弥补完的亏损，准予结转以后年度弥补，最长结转年限由5年延长至10年。

因此，在进行弥补亏损的税收诊断时，诊断人员第一要关注企业可弥补的金额是否是往年企业所得税纳税申报表中的应纳税所得额，第二要关注可弥补的年限是5年还是10年。

案例分析：可以列支但不能税前扣除的项目

企业所得税中可以税前扣除的项目，与企业中的成本费用不同，很多是有限制的。比如被行政部门处罚的罚款，可以在报销后计入营业外支出，但是在企业所得税纳税申报时，需要进行纳税调增。而对于具体的限制性规定，税法规定得非常明确，需要诊断人员严格区分。

诊断人员对某设备公司开展税收诊断业务。诊断人员发现营业外支出中有三笔不同的罚款及滞纳金相关的支出，但在企业所得税纳税申报表中均未进行纳税调增。

诊断人员查看了两笔罚款及一笔滞纳金的原始凭证，其中8万元的罚款支出是公司污水处理不到位的环保罚款。另外1万元的罚款，是因在供应货物过程中，影响客户规定的存放货物规则，被客户扣罚的。支付的滞纳金2 589元，则是因为公司未及时缴纳社会保险金产生的。

财务人员对于罚款和滞纳金为何没有进行企业所得税的调增处理时，解释因金额并不大，所以就没调增，如果诊断人员认为不妥，那就全部调增。

诊断人员强调需要调增的要调增，但不需要调增的，也不要多调。有些罚款和滞纳金是否需要调增。面对财务人员的质疑，诊断人员列示了《中华人民共和国企业所得税法》中具体的文件规定。在税法中不得扣除的罚款仅包括税收滞纳金与向行政单位交纳的行政罚金、罚款和被没收财物的损失。所以1万元企业经营活动产生的罚款和社会保险金的滞纳金无须进行企业所得税前调增处理。

案例分析：多缴税的线索来自未能弥补的亏损

企业每年可以弥补的亏损，以及弥补哪个年度的亏损，在企业所得税纳税申报表中已经通过系统自动取数计算，很难出现人为差错，这给财务人员带来便利，但同时也导致对弥补亏损表的关注不够，造成税收成本的增加。

2024年4月，诊断人员对某设备公司开展税收诊断业务。诊断人员看到企业已经写完企业所得税纳税申报表，便直接对纳税申报表进行复核。弥补亏损表的数据引起诊断人员的关注，在2018年至2023年间一直处于亏损状态，但亏损逐年降低，具体亏损信息见表10-4。

表10-4 企业所得税弥补亏损明细表（部分）

金额单位：元

行次	项目	年度	当年境内所得额	分立转出的亏损额
2	前五个年度	2018	−357 748.41	0
3	前四个年度	2019	−643 681.17	0
4	前三个年度	2020	−400 922.89	0
5	前二个年度	2021	−94 538.92	0
6	前一个年度	2022	−3 045.27	0
7	本年度	2023	−3 007.36	0

诊断人员了解到公司2019年亏损金额较多，主要是成立第一年对市场投入

较大，2020年应该就会盈利，但2020至2023年，由于客观因素，对企业发展影响很大。但公司仍然确保了亏损逐渐降低。总经理很有信心地向诊断人员介绍，正常情况下，2024年公司将打一个翻身仗，预计利润能达80万元。

2023年的亏损仅为3 000万元左右，任何一项调整都有可能导致应纳税所得额转为正数，即使转为正数也可以用2018年的亏损进行弥补，而弥补亏损的年限为5年。假设2023年未形成利润，就会导致2018年的亏损无法得到弥补。这无疑也是一种税款损失。

诊断人员重点关注2023年的亏损是否属实。诊断人员发现资产负债表中预提费用余额为26万元，查看明细账后查到该业务是公司根据尚未支付的房租预提的租金。而企业预计2024年7月才会支付该笔租金并同时取得发票。所以这笔预提费用计提的房租正常在2023年应进行纳税调增处理。

2023年调增后的应纳税所得额应为256 992.64元，由于弥补2018年的亏损，所以企业无须缴纳企业所得税。

第四节　企业所得税优惠政策的税收诊断

企业所得税的税收优惠政策应该是所有税种中，数量最多也最为复杂，而且政策更新的速度较快，内容较多。这就需要诊断人员熟练掌握企业所得税所有的政策内容，以及何时发生变化，对哪个年度的税款计算有影响。

税收诊断方法与思路

企业所得税的税收优惠诊断，主要从以下几个方面开展。

1. 收入

收入有不征税收入、免税收入和减计收入的规定，具体可参考表10-5。

表10-5　不征税收入、免税收入和减计收入诊断程序表（部分）

序号	项目	诊断方法	诊断证据	诊断结论
1	（1）股息、红利是否调减应纳税所得额； （2）是否扩大股息、红利的免税收入范围，将债权性投资收益或持有上市公司流通股不满12个月取得的投资收益作为免税收入申报	（1）查看利润表是否有取得被投资企业的股息、红利分配，核实企业所得税纳税申报表中免税金额的填写； （2）查看原始凭证及股东会决议的股红所属年度		

续上表

序号	项目	诊断方法	诊断证据	诊断结论
2	将投资于非居民企业、合伙企业取得的权益性投资收益是否作为免税收入	查看本年分红的被投资企业身份是否为居民企业，并核对纳税申报表的免税额填写		
3	是否单独核算资源综合利用产品收入享受税收优惠	核对纳税申报表的免税额，取得免税项目的收入明细，抽查收入合同，确定所得属性		
4	以下收入是否确定为不征税收入 （1）财政拨款； （2）依法收取并纳入财政管理的行政事业性收费、政府性基金； （3）取得的专项用途财政资金是否符合企业所得税不征税收入	（1）查看其他应付款、专项应付款中的明细科目中政府机构的、有补贴字样的，查看记账凭证是否对方科目为银行存款的，查看原始凭证及拨款文件； （2）查看营业外收入、补贴收入等科目中有与财政拨款、专项财政资金相关的内容，查看原始凭证及拨款文件		

2. 扣除项目

扣除项目中的加计扣除主要包括研发费用加计扣除、残疾人工资加计扣除等。研发费用加计扣除的税收诊断最为复杂，具体可参考表10-6。

表10-6 研发费加计扣除诊断程序表（部分）

序号	项目	诊断手段	诊断证据	诊断结论
1	加计扣除的研发费用具体范围是否符合规定	按照税法规定分别对研发费用各明细科目进行详细审核，与税法条文逐条核对，对疑点业务抽查凭证，查看原始单据，核对合同		
2	加计扣除的研发费用的会计核算是否符合要求	（1）索取研发费用辅助账； （2）与账面管理费用中单独设置的研发费用科目余额进行核对，必要时抽查发生额与辅助账进行核对		
3	以下不适用税前加计扣除研发费用政策的行业是否加计扣除：①烟草制造业；②住宿和餐饮业；③批发和零售业；④房地产业；⑤租赁和商务服务业；⑥娱乐业；⑦财政部和国家税务总局规定的其他行业	对于不适用研发费用加计扣除企业的纳税申报表中研发费用加计扣除项进行查看		

续上表

序号	项目	诊断手段	诊断证据	诊断结论
4	加计扣除的研发费用是否存在委外研发，以及合作研发的情况，是否按规定进行加计扣除	（1）向技术研发部门了解委外研发情况； （2）查看委外合同并登记备案，如受托方为关联方，则需要提供费用明细； （3）查看取得的发票		

3. 直接减免企业所得税的规定

对形成的所得直接减免企业所得税的规定是比较详细和广泛的，主要包括：

（1）对列举的农、林、牧、渔业项目所得免税，如蔬菜、谷物、农作物新品种的选育、林产品的采集等；

（2）对花卉、茶及其他饮料作物和香料作物的种植、海水养殖、内陆养殖减半征税；

（3）在一段时期内享受减免政策的，如国家重点扶持的公共基础设施项目所得、符合条件的环境保护、节能节水项目等。

对于这一类项目在诊断时，可以采取以下的步骤：

（1）了解企业是否存在所得减免的项目，并现场查看真实性；

（2）查看账面是否对免税项目的收入和成本单独核算；

（3）抽查大额收入凭证，与合同核对是否有将非免税项目收入计入的情况；

（4）计算连续几年的毛利率，并与同行业毛利率进行比对是否存在不正常，查找是否将与免税收入相关的成本计入应税项目的成本中；

（5）抽查大额或有疑点的成本支出凭证，与合同核对。

4. 减免企业所得税规定

对企业所得税税额减免的规定包括经营性文化事业单位转制企业、动漫企业、技术先进型服务企业，以及喀什、霍尔果斯经济开发区新办企业等，是否享受这些优惠政策。在诊断时，要特别关注企业错误理解政策，或者对政策掌握不及时导致未能享受优惠政策。

案例分析：收到补贴款可以不征税，对应支出可以税前列支吗

不征税收入需要满足三个条件，就可以进行企业所得税的纳税调减。但征税收入用于支出所形成的费用也同时需要进行企业所得税纳税调增处理。所以需要特别关注不征税收入用于支出所形成的费用是否能在税前列支，而该费用符合研发费用确认条件的，甚至有的企业还进行了加计扣除。而这样的操作无疑都给企业带来税收风险。

诊断人员在对拥有高新技术企业资格的某小型机器人公司2023年度进行税收诊断。诊断人员查看了2023年度的企业所得税纳税申报表，在"纳税调整项目明细表"中的"不征税收入"一栏中，发现企业在2022年度取得政府补贴款180万元。但在调增项目中的"征税收入用于支出所形成的费用"一栏中却没有填写任何数据。

于是，诊断人员索要了该笔政府补贴款的相关文件，以及该笔补贴款的辅助核算账。经过确认，该补贴款符合不征税收入的条件。2023年9月，该公司根据文件规定，用这笔补贴款购买了一套价值160万元废气净化设备，辅助核算账登记了购买记录。账务处理显示该设备计入到固定资产中，并在2023年10月一次性计提折旧。

该公司的这种做法，明显违反《中华人民共和国企业所得税法实施条例》第二十八条第二款规定："企业的不征税收入用于支出所形成的费用或者财产，不得扣除或者计算对应的折旧、摊销扣除。"因此，160万元废气净化设备的折旧需要做纳税调增处理。

案例分析：不是所有研发费用都可以加计扣除

为鼓励企业加大技术研发方面的投资，国家对企业开发新技术、新产品、新工艺发生的研究开发费用允许按照实际发生额的一定比例在税前加计扣除。但是对于研究开发费用中哪些支出符合加计扣除，以及如何进行会计核算才能符合加计扣除的标准，国家是有着明确的规定。如果加计扣除的企业对文件的理解不透彻，很容易给企业带来税收风险。

诊断小组在对某制造公司开展税收诊断工作，取得财务人员提供的企业所得税纳税申报表、财务报表等会计相关资料后，诊断小组通过数据核对发现该公司发生的研发费用进行了100%的加计扣除，并且金额高达369万元，比往年的研发投入增长近十倍。因此诊断小组将研发支出作为税收诊断的重点内容之一进行审查。

诊断人员索取了研发项目辅助账，首先核对了辅助账的总额与管理费用中研发费用的总额。核对无误后，又对明细项目进行归类，发现一笔68万元和一笔28万元金额较大的单笔支出。

抽查的会计凭证显示，68万元是制造公司委托其他公司进行配套零件的研发，发票的记载与合同规定的金额一致。诊断人员进一步向实验室人员进行求证，也再次证实该委托业务是真实的。而28万元则是设备维修费，经过现场勘查和合同记载，该设备归生产车间，并非专门用于研发活动。

诊断人员在确认了所有证据后，与财务人员沟通。财务人员对28万元的设备维修费不符合加计扣除范围重新进行了确认，承认对政策理解不够，且未能及时掌握《财政部 国家税务总局 科技部关于完善研究开发费用税前加计扣除政策的通知》（财税〔2015〕119号）中关于"企业委托外部机构或个人进行研发活动所发生的费用，按照费用实际发生额的80%计入委托方研发费用并计算加计扣除，受托方不得再进行加计扣除"的规定。

在与公司总经理沟通后，财务人员对申报差错重新计算，及时补缴了税款。

第十一章　税收风险诊断——土地增值税

转让国有土地使用权、地上建筑物及其附着物的单位和个人，依据取得的收入而获得的增值额，乘以相应税率计算的税款为土地增值税。土地增值税征收的目的是调节交易不动产所产生的高收益。

因此，涉及土地增值税的企业主要是房地产开发企业。对于非地产企业销售旧房也会涉及土地增值税，但由于销售旧房并非经常性业务，因此土地增值税的税收诊断主要集中在房地产开发企业。

第一节　自建房销售的土地增值税风险诊断

自建房的销售业务主要集中在房地产开发企业，本节也以房地产企业为主介绍自建房的土地增值税诊断。土地增值税是根据房地产销售的收入减掉扣除项目形成的增值额乘以适用税率得出。因此土地增值税诊断的内容主要为收入和扣除项目。

收入确认的风险诊断方法与思路

收入的税收诊断，主要包括收入的完整性与房价的合理性。收入的完整性又包括三个方面：①是否所有的房源均已包含在内；②房款中是否包括房价及各种代收费、装修等全部款项；③与汇缴项目相关的所有附属面积的出售均已确认收入。具体可参考表11-1。

表 11-1　土地增值税——收入诊断程序表（部分）

序号	项目	诊断手段	诊断证据	诊断结论
1	转让房地产取得的收入是指房地产开发企业转让房地产实际取得的全部价款是否入账	（1）取得商品房购销合同统计表与所有销售合同，逐一核对收款金额、面积、房号等信息； （2）获取或编制房地产转让收入明细表；		

续上表

序号	项目	诊断手段	诊断证据	诊断结论
1	转让房地产取得的收入是指房地产开发企业转让房地产实际取得的全部价款是否入账	（3）账面收款金额、确认收入金额与销售明细统计表收入核对； （4）取得网签备案表房款数，与账面房款收入核对； （5）抽查销售发票，与销售明细统计表收入核对		
2	"营改增"政策推行后，应税收入是否扣除增值税（包括小规模纳税人）	抽查销售合同及入账的收入，重新计算增值税，查看记账凭证		
3	视同销售的交易事项包括：职工福利、高管的奖励、对外投资、分配给股东或投资人的利润、抵偿债务、换取其他单位和个人的非货币性资产是否确认收入	（1）获取商品房购销合同统计表，与售楼处索取的信息、房源信息进行比对，核对未销售的部分产权是否已经变动； （2）对于视同销售的房地产，其收入确定按照本企业同期同类区域、同类房地产的市场价格核定		
4	房地产开发企业用建造项目安置回迁户的，安置用房是否视同销售处理，且确认收入	（1）获取所有房屋拆迁补偿安置协议，查看拆迁安置单价，与发票开具单价核对； （2）如果未开具发票，无法确认计税基础，对于安置用房，其收入确定按照同期同类区域、同类房地产的市场价格核定		
5	面积差：合同面积与交付面积差额对应的收入是否入账	（1）审核销售明细表、房地产销售面积与项目可售面积的数据关联性，以核实应计入增值额的收入； （2）获取销售合同，查看合同面积与实际交付面积有差异，是否补退房款并抽查补退款记账凭证； （3）销售合同所载商品房面积与有关部门实际测量面积不一致，检查在清算前是否已发生补、退房款，补、退房款在计算土地增值税时予以调整		
6	销售已装修的房屋，装修费用计入房地产开发成本的，装修收入是否全部计入	（1）查看销售合同是否规定房屋交付时的装修规定。如果有规定，检查销售明细统计表收款金额是否包含装修款项，以确定收入的完整、准确； （2）若装修收入与房款收入可以区分，核对装修成本与装修收入的金额，确定装修成本是否明显高于装修收入； （3）装修房屋的销售单价与毛坯房销售单价比对，确定装修单价高于毛坯房单价		

续上表

序号	项目	诊断手段	诊断证据	诊断结论
7	销售地下车位和储藏室是否为合理低价	（1）确定单个房产销售单价，与同时期同类型房产平均销售单价比对。如果低于同期同类房屋平均销售单价70%的，且无正当理由的，属于不合理低价，应调增收入； （2）检查销售合同中购买方是否与企业是关联方，可通过天眼查等网站查询； （3）获取其他相关资料，如法院判决书、相关主管部门证明资料等，证明单价偏低存在正当理由； （4）实地查验，查看车位和储藏室实际情况，是否存在位置、结构等影响价格的因素		

扣除项目的风险诊断方法与思路

扣除项目包括取得土地使用权所支付的款项、房地产开发成本、房地产开发费用、与转让房地产有关的税金等。

1. 土地使用权所支付的款项

土地使用权所支付的款项中包括土地转让价款、办理手续的相关费用、契税、分期缴纳土地出让金的利息。在诊断中应重点关注相关的票据是否合法，要核对土地购买合同、发票收据和契税税票相关资料，土地价值在各清算项目中的分摊方法是否合理等。

2. 房地产开发费用

房地产开发费用重点内容是利息的审核。对于采用按实际利息进行扣除的，要对利息票据的合法性逐一审核，同时还要关注房地产开发企业向金融机构支付的咨询费等非利息支出与因逾期还款、金融机构收取的超过贷款期限的利息、罚息等款项，是否作为利息支出扣除。

3. 与转让房地产有关的税金

与转让房地产有关的税金主要包括增值税、城市维护建设税、教育费附加、地方教育附加、印花税、部分项目还有营业税。营业税是指2016年"营改增"之前销售房产形成的营业税。

在诊断中要重点关注是否存在其他项目的税金列入本项目的情况。

开发成本的风险诊断方法与思路

房地产开发成本包括土地征用及拆迁补偿费、前期工程费、建筑安装工程费、基础设施费、公共配套设施费、开发间接费用。由于各省市对土地增值税的细节都有单独规定，所以具体实施时，诊断人员应以地方执行的政策为依据。

1. 土地征用及拆迁补偿费

土地征用及拆迁补偿费的税收诊断重点在于土地成本中包含的土地征用费，耕地占用税，劳动力安置费及有关地上、地下附着物拆迁补偿的净支出，安置动迁用房支出，拆迁补偿费，回迁户的补差价款，异地安置的房屋建造成本。

具体的税收诊断方法包括审查各类与土地征用及拆迁补偿的合同、发票、收据、契税税票、银行支付记录、拆迁许可证、拆迁补偿明细表、签收花名册、签收凭据、土地成本分配计算单等，并将所有纸质记载的内容进行相互核对，对存在差异的内容进行详细审查，查找原因进行判断。

2. 前期工程费

前期工程费包括房地产开发企业委托其他单位进行规划、设计、项目可行性研究、水文、地质、勘察、测绘等，诊断重点内容之一是审核提供服务的单位是否符合相关法律法规关于资质和收费标准的要求。

比如对设计费的审核，第一，要审查设计费的发票开具单位是否具有设计资质、设计费是否超标。原则上对于同一设计事项，不允许扣除多次设计费用。第二，要关注大额境外设计费支出，审核合同、发票、付汇情况及扣缴税款凭证，查验境外设计费支出是否真实发生。

3. 建筑安装工程费

建筑安装工程费是房地产开发成本中最容易出现问题的项目，具有金额大、施工作业时间长、容易产生纠纷等特点，也是诊断过程的难点工作。

建筑安装工程费诊断的三大难点：一是金额的真实性，比如是否存在甲供材重复计入成本的情况、单位造价成本偏高于同期同类型房产的理由是否充分等；二是精装房出售的装修成本的合理性；三是地下人民防空（以下简称人防）设施或由其改建的人防车位的成本是否可以计入已售房产成本。

由于各省市的房产均有地方特点，对于土地增值税扣除项目的政策规定也不相同，所以在具体诊断时要关注地方政策的规定。

4. 基础设施费

基础设施费包括房地产开发企业中所发生的开发小区内道路、供水、供电、供气、排污、排洪、通信、照明、环境卫生、绿化等工程发生的支出。在诊断时应索取施工合同、施工图纸、付款证据及发票等资料，相互核对后应到现场进行勘查以确定业务的真实性、数据的准确性、票据的合法性。

比如绿化费用的审核，首先结合实地查验结果，判断绿化费用是否真实合理；其次景观、绿化支出是否与项目现状相符，是否存在单位绿化支出明显高于当地同期、同类、同档次项目单位绿化支出情况；最后检查绿地面积是否为项目规划图纸列明的面积，超出相应标准的，审核对应苗木数量、栽植、养护标准等。

5. 公共配套设施费

公共配套设施费的税收诊断难点和重点是建成后无偿移交全体业主，或交给政府、公用事业单位用于非营利性社会公共事业的，以及建成后有偿转让的或由房地产开发企业用于出租、出售的，其成本是否纳入扣除项目。

对于公共配套设施滞后建设的，滞后建设的公共配套设施是否按照受益对象分摊扣除也是诊断时需要特别关注的内容之一。

6. 开发间接费用

开发间接费用是指直接组织、管理开发项目发生的费用，包括工资、职工社会保险金、职工福利费、折旧费、修理费、办公费、水电费、劳动保护费、周转房摊销等。诊断时应重点关注是否混入期间费用，以及房地产开发企业委托代建支付的代建管理费是否混入。

案例分析：视同销售收入也包括低价分配福利用房的款项

在对土地增值税的收入进行诊断时，应对所有的房源销售信息逐项清查。对于房地产企业将开发的房产作为福利无偿交付给自己的员工，应视同销售确认土地增值税的收入，与将开发的房产对外投资、分配给股东或投资人、抵偿债务、换取其他单位和个人的非货币性资产的处理方法一致。

诊断小组对某房地产公司开展税收诊断业务。售楼处的人员向诊断小组介绍该地产公司整修项目中的一个项目进入尾盘销售，接近90%的房源已销售完毕。诊断小组便展开对土地增值税汇缴的初步测算。

诊断人员索要了整个项目的销售台账，在销售台账中记载了所有房源的面积、户号、业主姓名、合同号、售价、收款情况等信息。诊断人员经过核对发现，有十几个房源登记了业主姓名，但是没有登记合同、售价及收款信息。

而这十几个房源的业主姓名都似曾相识。诊断小组快速查看了公司的工资表，发现这些业主都是企业员工，还包括财务部门的张经理。诊断人员怀疑公司这些房子可能是福利分房。随后张经理证实了福利分房这件事情。公司拟向骨干员工以五折价格出售住房，但具体政策尚未确定。因此，公司只在销售台账中记载了业主名字，并未收款，也未确认收入。

诊断人员在测算土地增值税时，对该部分用于福利的房产收入依据《国家税务总局关于印发〈土地增值税清算管理规程〉的通知》（国税发〔2009〕91号）的规定，按房地产公司在同一地区、同一年度销售的同类房地产的平均价格确定，并要求企业完成福利分房的税款申报与缴纳。

案例分析：千万元的土地成本竟然没有税前扣除

在扣除项目中，占比最大的为土地使用权所支付的款项、土地征用及拆迁补偿费及建筑安装工程费，可见土地成本的审查多么重要。对于土地购买后，在几年后才开发的项目中，最需要关注的是企业是否缴纳过土地闲置费，并且是否扣除了。

诊断小组对某房地产公司的幸福小区开展土地增值税汇算清缴前的初步诊断。根据土地购买合同核对账面开发成本中的土地成本时，发现该项目的土地成本的累计发生额超过公司购买土地所支付价款近1 000万元，考虑到有契税和手续费的差异，诊断人员无法理解这巨大差异的合理性。

虽然该土地从竞拍到开发中间经历了近十年的时间，诊断人员还是要求财务人员把这十年的账本及财务资料全部找出来。抽查了金额较大支出的记账凭证后，诊断人员发现除了分次支付的土地价款外，有笔记账凭证的摘要标记为"支付土地价款"，但原始凭证却是"支付的土地闲置费"。

项目负责人介绍说该土地是公司早期时取得的，因为各种原因导致土地一直未进行开发。该土地在三年前曾被政府强制收回。后经多次协商后，公司支付了近1 000万元的土地闲置费后，才进行正式开发。

诊断人员按照《国家税务总局关于土地增值税清算有关问题的通知》（国税函〔2010〕220号）第四条第二款"房地产开发企业逾期开发缴纳的土地闲置费不得扣除"的规定，将支付的土地闲置费在计算土地增值税时，从土地成本中扣减下来。

案例分析：利息如何扣除是允许进行选择的

房地产开发费用的重点内容就是对利息的审核。诊断人员需要在按土地使用权所支付的金额与房地产开发成本金额之和的10%，还是按土地使用权所支付的金额与房地产开发成本金额之和的5%计算利息，确认房地产开发费用。

诊断小组对某房地产公司的幸福小区开展土地增值税汇算清缴前的初步诊断。在对开发费用进行审查时，发现该公司建造办公楼的资金很大一部分来自借款。借款主要包括向银行等金融机构、企业的借款及员工集资款。

诊断人员索取了所有的借款合同，发现公司给企业及个人签订借款合同的利率水平均比较高，需要按照同期商业银行的借款利率对利息进行了调整。

但是诊断人员在对支付利息的原始凭证分类进行了抽查后发现，除了向金融机构支付的利息取得正规的票据外，支付给企业的借款利息只有一小部分取得了利息的发票，支付给个人及大部分企业的利息并未取得正规的发票。

经过诊断小组的统计，符合条件可以扣除的利息为2 789万元。而土地使用权所支付的金额与房地产开发成本金额之和的5%则为3 556万元。最终，诊断人员建议该房地产公司在计算开发费用时，采取按土地使用权所支付的金额与房地产开发成本金额之和的10%计算。

案例分析：成本分配方法的选择决定百万元税款的减免

当房地产开发企业开发的普通住宅，增值率低于20%时可免交土地增值税。这一优惠政策鼓励了房地产开发企业对普通住宅承建的积极性，同时这也是国家变相给普通百姓让渡利益。

诊断小组对某房地产企业即将全部清盘的绿茵小区一区开展税收诊断业务。诊断的重点是绿茵小区一区在土地增值税汇算清缴中，能否享受当增值率低于20%时免交土地增值税的优惠政策。

该小区有别墅和高层住宅两类建筑。由于高层单套建筑面积均在120平方米以下，且售价也比较亲民，所以开盘仅仅用了半年时间就基本售罄。本次达到汇算清缴的项目主要就是高层的普通住宅。在财务人员预先编好的土地增值税汇缴预测表中显示普通住宅总收入为6.11亿元，扣除金额为4.97亿元，增值率为22.94%。

诊断小组索取了与该项目的所有相关资料逐一进行核对。在对土地成本进行核对时，诊断人员发现别墅和高层住宅是在同一宗土地上，且两类建筑之间没有明显的区域划分，别墅在小区的中心偏东，四栋高层则分别盖在小区的西面、南面和东面。这就需要将土地成本在别墅和普通住宅中进行分配。而不同的分配方法对整个项目的成本是有着较大的影响。

土地成本约1亿元。财务人员目前采用的占地面积法，即按每栋楼的投影面积进行折算，所以总扣除金额为4.97亿元。如果按建筑面积分配土地成本，则高层的建筑面积大，则可以分配到更多的土地成本，扣除项目的金额可以达到5.27亿元。

诊断人员根据建筑面积法分配，计算的增值率为15.94%。3 000万元成本差距，影响了7.01%的增值率。企业也因此可以享受增值税率低于20%时免交土地增值税的优惠政策。

那么问题的焦点在于分配土地成本是如何规定的，按建筑面积法还是按占地面积法。诊断人员找来当地关于土地增值税汇缴的相关政策规定："纳税人成片受让土地使用权后，分期分批开发、转让房地产的，其扣除项目金额的确定，可按转让土地使用权的面积占总面积的比例计算分摊，或按建筑面积计算分摊，也可按税务机关确认的其他方式计算分摊。"所以按建筑面积法分配是被允许的，企业可以自行选择。

第二节　旧房销售的土地增值税风险诊断

企业销售旧房缴纳的土地增值税，是在办理旧房转让时必须要完成的程序，并且一般会在税务机关进行专项审核，完税后的风险不大。所以企业销售旧房土地增值税诊断时点，一般是在企业即将发生旧房销售前。

税收诊断方法与思路

企业销售旧房缴纳的土地增值税，在诊断时主要关注以下几个方面：

（1）需要对市场价格进行调查，以确定销售价格是否存在明显偏低于市场价格，是否存在被税务局重新评估的可能性。

（2）土地成本作为扣除项目是否包括取得土地使用权所支付的地价款，以及按国家统一规定缴纳的有关费用和在转让环节缴纳的税金。对取得土地使用权时未支付地价款或不能提供已支付的地价款凭据的，是否以评估价来代替。

（3）扣除项目中旧房及建筑物的评估价格，是否由政府批准设立的房地产评估机构评定的重置成本价乘以成新度折扣率后的价格。

（4）扣除项目中旧房及建筑物有购房发票的，按发票所载金额并从购买年度起至转让年度止每年加计5%计算。需要注意的是，对纳税人购房时缴纳的契税，是否作为加计5%的基数。计算可扣除的金额需要与评估值确定哪个更高。

（5）旧房转让是否享受土地增值税的减免政策。

一些税务部门在企业发生旧房交易办理过户手续之前，就直接参与到土地增值税的汇算清缴。通过税务部门的认定，企业缴纳完税后，才能办理过户手续。所以一般情况下，企业不需要对旧房交易的土地增值税进行税收诊断。

案例分析：不动产到底征不征收土地增值税

政府因为城市规划的需要，会对旧城区实施拆除旧建筑。当旧的不动产属于企业时，企业可能会获得远高于当初购买不动产时的溢价。这些溢价是否需要缴纳税金，需要财务人员熟悉掌握政策，不给企业带来税收风险。

诊断人员对某钢材制造公司进行税收诊断，诊断人员被安排在公司会议室办公。诊断人员到财务科室索要相关的财务资料时，听到财务科人员在讨论，而且还非常激烈，有的人说交，有的说不交。

看到诊断人员，财务人员立刻让诊断人员来判断。原来公司在市区附近有一片占地5 000多平方米的厂区，因实施城市规划，政府要求厂区搬迁。在完成评估后，政府在其他地方规划了6 000平方米的一个区域给公司，另外还支付补偿款460万元。财务人员正在讨论的就是收到的460万元是否需要缴纳土地增值税。

诊断人员列举《中华人民共和国土地增值税暂行条例》第八条第二项"因国家建设需要依法征用、收回的房地产"免征土地增值税。对于国家建设的界定，诊断人员示《中华人民共和国土地增值税暂行条例实施细则》第十一条第三款规定："条例第八条（二）项所称的因国家建设需要依法征用、收回的房地产，是指因城市实施规划、国家建设的需要而被政府批准征用的房产或收回的土地使用权。"

无论被征用的土地是否产生增值，只要符合国家规定，都享受免征优惠。因此，公司在市区的厂区被征用是符合免税政策的规定，不需要缴纳土地增值税。

案例分析：处置旧房的扣除项目与自建房完全不同

企业销售已经使用过的旧房产，扣除项目不仅仅包括原来购买的房产成本，也会有加计扣除的规定。但加计扣除的基数选择错误，不但会给企业带来税收风险，还可能给企业带来决策上的失误。

诊断小组正在对某设备公司开展税收诊断业务。在盘点固定资产时，得知因公司正准备出售旧办公楼，而双方谈判的焦点是不动产交易形成的巨额税款。旧办公楼是2012年10月购买的，购买的金额为460万元，初步交易价格为1 060万元，交易价格为不含交易过程中产生的税金。

该不动产的增值较大，所以税款也直接影响了交易定价。诊断小组看了财务人员对旧办公楼出售的税款测算表，认为土地增值税的计算有误。便索取该旧办公楼当年购买的相关合同与该公司的账簿、会计凭证等财务资料。

土地增值税在计算扣除项目中，旧房可按发票所载金额并从购买年度起至转让年度止每年加计5%计算。但是诊断小组发现，计算表中的土地增值税加计扣除的基数不仅仅包括土地购买发票的金额，还包括购买时缴纳的契税。而这是违反了《财政部 国家税务总局关于土地增值税若干问题的通知》（财税〔2006〕21号）关于转让旧房准予扣除项目的计算问题的规定："……对纳税人购房时缴纳的契税，凡能提供契税完税凭证的，准予作为'与转让房地产有关的税金'予以扣除，但不作为加计5%的基数。……"

第十二章　税收风险诊断——房产税和城镇土地使用税

房产税与城镇土地使用税均属于针对不动产征收的税种。房产税是以房屋为征税对象，按房屋的计税余值或是租金为计税依据，向房屋产权所有人征收的一种财产税。城镇土地使用税是指在城市、县城、建制镇、工矿区范围内使用土地的单位和个人，以实际占用的土地面积作为计税依据，由土地所在地的税务机关征收的一种税。

第一节　房产税的税收诊断

房产税作为完善税收体系和制度的重要税种，是税收体系中的重要组成部分。房产税虽然属于小税种，计算较为简单，容易被忽视。但在实际工作中，出现的问题并不少。按照准确的流程开展诊断工作，运用正确的税收诊断手段才能有效判断税收风险。

房产税风险诊断方法与思路

房产税是针对房屋的所有权人征收的一种财产税。在开展税收诊断时，首先要判断被诊断的单位是否为纳税义务人或者代扣代缴义务人。

依据房产余值计算缴纳，则房产税年应缴税额为

房产税年应缴税额＝房产账面原值×［1－（适用税率）］×税率（1.2％）

适用税率为10％～30％。

依据房产租金收入计算缴纳，则房产税年应缴税额为

房产税年应缴税额＝年租金×税率（12％）

在诊断时，需要将企业实际计提的房产税，与应计提的房产税进行比对，得出是否少缴或者多缴的结论。计算房产税时，可参考表12-1。

表 12-1　房产税风险诊断工作底稿

金额单位：元

年度账面情况						
期初余额	本期计提数			本期交纳额	期末余额÷期初余额	
	补提上年数	计提本期	贷方小计			
年度房产税计算表						
自用房产	房产原值	房产余值	税率	年应缴税款	当年应缴月数	应缴税额
出租房产	月租金	月数	年租金	税率	应缴税款	
现场盘查情况说明						
诊断结论	少缴金额＝应缴税款－本期计提数					

房产税的税收风险主要集中在房产税纳税义务发生时间判断不准确、房产税的计税基础计算错误、房产税的适用范围确定有误等。所以在诊断企业自用房产的房产税时，重点需要确定房产原值金额、出租房产的租金、适用税率及缴纳时点等。确定房产原值金额的税收诊断流程可参考表 12-2。

表 12-2　房产原值金额诊断程序表

序号	项目	诊断方法	政策依据
1	计征房产税的房产原值是否全部包括以房屋为载体、不可随意移动的附属设备和配套设施的价值	通过实地查看、询问相关人员、查询同期同类房产价值、检查账簿、纳税申报表等相关信息确认	《财政部 税务总局关于房产税和车船使用税几个业务问题的解释与规定》（财税地字〔1987〕3号）
2	土地价值是否计入房产原值缴纳房产税，且计算的依据是否正确	通过重新计算，检查账簿、纳税申报表确认	《财政部 国家税务总局关于安置残疾人就业单位城镇土地使用税等政策的通知》（财税〔2010〕121号）
3	查核所有使用的在房产税征税范围内具备房屋功能的地下建筑，是否计税	通过查看房屋所有权证、购房合同、发票、证明房地产权属的材料等	《财政部 国家税务总局关于具备房屋功能的地下建筑征收房产税的通知》（财税〔2005〕181号）

续上表

序号	项目	诊断方法	政策依据
4	符合房屋大修计入原值的金额，是否计入	查看大修理时签订的合同、发票，检查账簿、纳税申报表等相关信息确认	《〈企业会计准则第4号——固定资产〉应用指南》
5	不动产是否发生应计入原值的重大装修金额或更换房屋附属设备和配套设施的，是否按税法规定将其价值计入房产原值，并扣减原来相应设备和设施的价值后计征房产税	查看装修期间签订的装修合同、发票、检查账簿、纳税申报表等相关信息确认	《财政部 国家税务总局关于房产税城镇土地使用税有关问题的通知》（财税〔2008〕152号）
6	应予资本化的利息是否计入房产原值缴纳房产税	查看借款合同、装修合同，查看账簿、纳税申报表等相关信息确认	《财政部 国家税务总局关于房产税城镇土地使用税有关问题的通知》（财税〔2008〕152号）

房产税优惠诊断方法与思路

房产税主要针对国家机关、人民团体、事业单位、非营利性机构用房等单位和个人，以及危房、大修理用房、基建工地临时用房、直接用于农林牧渔的房产等给予税收优惠政策。国家为鼓励企业盘活利用好房产，也会给予特定企业一定期间的减免税政策。

对房产税优惠政策运用情况进行诊断时，要从特定用途房产的优惠和特殊行业的优惠两个维度开展诊断。对特定用途房产诊断的流程可参考表12-3。

表12-3 特定用途房产税优惠诊断程序表

序号	项目	诊断方法	政策依据
1	企业创立的各类学校、医院、托儿所、幼儿园自用的房产，可以比照由国家财政部门拨付事业经费的单位自用的房产，免征房产税	通过实地查看、询问相关人员、查询同期同类房产价值、检查账簿、纳税申报表等相关信息确认	《财政部 税务总局关于房产税若干具体问题的解释和暂行规定》（财税地字〔1986〕8号）、《财政部 国家税务总局关于教育税收政策的通知》（财税〔2004〕39号）

续上表

序号	项目	诊断方法	政策依据
2	经有关部门鉴定，对毁损不堪用于居住的房屋和危险房屋，在停止使用后，可免征房产税	查看有关部门鉴定资料，以及相关产权证书结合实地查看落实情况	《财政部 税务总局关于房产税若干具体问题的解释和暂行规定》（财税地字〔1986〕8号）
3	对增值税小规模纳税人、小型微利企业和个体工商户可以在50%的税额幅度内减征房产税	查看账簿报表及花名册，确认收入资产和人数是否符合小微企业、小规模纳税人条件。重新计算并与申报数核对	《财政部 税务总局关于进一步实施小微企业"六税两费"减免政策的公告》（财政部 税务总局公告2022年第10号）①
4	企业拥有并运营管理的大型体育场馆，其用于体育活动的房产、土地，减半征房产税和城镇土地使用税	查看企业营业执照，以及相关产权证书结合实地查看落实情况是否向公众公开，查看建设文件是否满足要求	《财政部 国家税务总局关于体育场馆房产税和城镇土地使用税政策的通知》（财税〔2015〕130号）

案例分析：房产原值错误引发税收风险

在房产税的税收诊断中，房产原值金额的确认是比较重要的一项工作内容，而在这方面出差错的情况也是较多的。在被诊断企业当年没有房产增加或者减少的情况，通过税款与原值比率的对比，可以快速判断企业可能出现的原值差错。

2023年5月，某集团公司成立的税收诊断小组在对一家子公司开展2022年税收诊断工作时，发现子公司占地面积100 000平方米，总价值400万元。共取得四栋厂房的不动产权证书，建筑面积为300 000平方米，建造成本共计支出1 600万元。该厂房于2020年1月开始建造，2021年5月经相关部门验收合格并交付使用。

该子公司实际交纳房产税13.44万元。经过测算，房产原值比率＝13.44÷

---

① 本公告执行期限为2022年1月1日至2024年12月31日。《财政部 国家税务总局关于进一步支持小微企业和个体工商户发展有关税费政策的公告》（财政部 税务总局公告2023年第12号）将期限延长至2027年12月31日。

2 000＝0.67%，这个企业当年没有房产的增加或者减少的情况，正常的税额与房产原值比率应该为0.84%（70%×1.2%）明显偏低，怀疑子公司未将土地成本计入房产税计税依据。

经过与财务人员沟通核实，土地价值确实未计算房产税，导致该子公司少缴纳与该房产对应的土地价值计算的房产税。

案例分析：现场观察发现多缴税金

在房产税的税收诊断中，哪些房产及建筑物属于房产税的征税范围，需要认真判断。有些临时建筑、构筑物、与房产可分割和不可分割的建筑是否计提房产税，财务人员都有可能判断错误，导致税收风险。这就需要诊断人员查看固定资产卡片，并通过现场勘查做出合理判断。

2023年5月，某集团公司成立的税收诊断小组对下属企业开展2022年税收诊断工作。税收诊断小组在财务人员陪同下，对企业厂区进行现场盘查。在盘查时，财务人员向诊断小组一一介绍企业的房产情况，并自信地说房产税已经全额计算，不存在偷漏情况，还补充道："我们连这种简易的防雨车棚都交房产税了。"正是这句话，引起税收诊断小组组长的疑问。

税收诊断小组成员经过调查发现，该下属企业自2021年6月开始将自建的简易防雨车棚、围墙、水井等共计65万元均作为计税基数计算了房产税。根据房产税相关规定"独立于房屋之外的建筑物，如围墙、烟囱、水塔、变电塔、油池油柜、酒窖菜窖、酒精池、糖蜜池、室外游泳池、玻璃暖房、砖瓦石灰窑以及各种油气罐等，不属于房产"，不计算缴纳房产税。仅2022年度该企业就多缴纳5 460元房产税。

案例分析：优惠政策应享未享多缴税款

在进行税收诊断时，经常发现企业的财务人员在执行国家税收优惠政策时，把握不准执行标准，而导致企业未能及时享受到优惠的情况。

某集团公司聘请了专业的税收诊断专家对公司2022年度纳税情况进行税收诊断。在介绍公司的房产用途时，专家对公司成立的幼儿园格外关注。

在听到财务人员介绍公司的幼儿园建筑面积约1 000平方米，房产价值约700万元后，税收专家问道"幼儿园的房产交房产税了吗？"财务人员答复所有房产均正常缴纳房产税，包括幼儿园的房产。"幼儿园的房产税有税收优惠政策，可以不用缴纳，公司对这个政策不了解，还是有其他原因没有享受这个优惠政策呢？"财务人员解释可能是幼儿园并未经过国家审批的原因，所以没有享受这个政策。

税收专家没有采纳财务人员模棱两可的解释，不但在税收诊断报告中引用了房产税的相关政策"企业办的各类学校、医院、托儿所、幼儿园自用的房产，可以比照由国家财政部门拨付事业经费的单位自用的房产，免征房产税"，而且在报告中明确幼儿园开办手续的审批情况，以及用于幼儿园的房产证件情况，并建议公司应尽快享受房产税的税收优惠，及时降低企业的税收成本。

案例分析：滥用优惠政策造成的漏缴税款

对于房产税税收优惠政策，一些财务人员容易出现掌握不好、理解不到位的情况，导致企业将不符合条件的房产错误地享受了优惠政策。在进行税收优惠诊断时，这些优惠政策的享受是否符合条件是特别需要关注的内容。

某集团公司聘请了专业的税收诊断专家，对全额投资的肉牛养殖公司纳税情况进行税收诊断。诊断专家在对养殖公司的厂区观察时，了解到该养殖公司从未缴纳过房产税，原因是养殖公司的财务人员认为企业从事的农业养殖，房产税可以享受优惠政策，因此无论是房产用于生产养殖还是办公均无须缴纳房产税。

诊断专家向财务人员详细解释了房产税优惠政策的规定中，暂不征收房产税的仅限于对农林牧渔业的生产用房，对于办公用房（用地）及农副产品加工用房（用地），应按规定征收房产税。财务人员重新计算了生产用房的房产税，仅2022年度就需要补缴3万元。

第二节　城镇土地使用税的税收诊断

城镇土地使用税是对纳税人占用土地资源获取利益而征收的一种税。土地所有权均归国家和集体所有，因此纳税人主要是土地的使用权人或者租赁土地的人或单位。在城镇土地使用税的税收诊断过程中，按照准确的流程开展诊断工作。

城镇土地使用税风险诊断方法与思路

城镇土地使用税是以土地为征收对象，用实际占用的土地面积为计税依据，按照规定的税额计征的一种税，不包括农村集体所有的土地。

城镇土地使用税是根据实际占用的土地面积，乘以适用地区幅度差别定额税率计算得出年度应缴税额。在计算城镇土地使用税税款时，可以参考表12-4。

表12-4 城镇土地使用税风险诊断工作底稿

年度账面情况				
期初余额	本期计提数		本期交纳额	期末余额÷期初余额
^	补提上年数	计提本期	贷方小计	^	^
年度城镇土地使用税计算表					
宗地情况	实际占地面积	定额税率	年应缴税款	当年应缴月数	应缴税额
现场查情况说明					
诊断结论	少缴税款＝应缴税款－本期计提数				

城镇土地使用税的税收诊断重点在城镇土地使用税的征税时点、实际占用土地的面积、土地级别来确定税率是城镇土地使用税风险诊断中的重要内容。诊断城镇土地使用税征税时点的流程可参考表12-5。

表12-5 城镇土地使用税征税时点诊断程序表

序号	项目	诊断方法	政策依据
1	是否存在新增自购房屋、土地，未取得产权但已实际使用，但未缴、少缴城镇土地使用税的情况	现场实地核实，查看纳税申报表及会计凭证	《中华人民共和国城镇土地使用税暂行条例》
2	取得抵债资产未申报城镇土地使用税	查看账簿及会计凭证等财务资料，查看纳税申报表，重新计算并与账面数核对	《国家税务总局关于房产税、城镇土地使用税有关政策的通知》（国税发〔2003〕89号）、《财政部 国家税务总局关于房产税、城镇土地使用税有关问题的通知》（财税〔2006〕186号）

续上表

序号	项目	诊断方法	政策依据
3	以出让或转让方式有偿取得土地使用权的，受让方未按合同约定交付土地时间的次月起缴纳城镇土地使用税	取得土地使用权出让、转让合同，查看财务账及纳税申报表，重新计算与账面数核对	《财政部 国家税务总局关于房产税、城镇土地使用税有关政策的通知》（财税〔2006〕186号）
4	是否存在土地停用，符合停止计算城镇土地使用税，但仍然纳税的情况	非房地产企业取得土地使用的转让的相关资料，重新计算；房地产企业取得房产移交手续，并重新计算且与账面数核对	《财政部 国家税务总局关于房产税、城镇土地使用税有关问题的通知》（财税〔2006〕186号）

城镇土地使用税优惠诊断方法与思路

城镇土地使用税的优惠政策主要是对国家机关、人民团体、军队、非营利性医疗机构、卫生机构等单位和个人，以及农林牧渔生产经营用地、市政街道、广场、绿化带等公共用地的占用等。国家为鼓励企业充分利用土地资源，也会给予特定企业一定期间的减免税政策。

对城镇土地使用税优惠政策使用情况进行诊断时，要从特定用途的土地和特殊行业的土地两个维度开展诊断。对特殊行业的城镇土地使用税诊断流程可参考表12-6。

表12-6 特殊行业的城镇土地使用税诊断程序表

序号	项目	诊断方法	政策依据
1	对增值税小规模纳税人、小型微利企业和个体工商户可以在50%的税额幅度内减征城镇土地使用税	判断是否符合小微企业的标准，重新计算并与账面计提数、申报表核对	《财政部 税务总局关于进一步支持小微企业和个体工商户发展有关税费政策的公告》（财政部 税务总局公告2023年第12号）
2	科技企业孵化器、大学科技园和众创空间是否享受免征政策	查看资格认定证书确定是否符合免税条件	《财政部 税务总局 科技部 教育部关于继续实施科技企业孵化器、大学科技园和众创空间有关税收政策的公告》（财政部 税务总局 科技部 教育部公告2023年第42号）

续上表

序号	项目	诊断方法	政策依据
3	物流企业自有或承租的大宗商品仓储设施用地是否享受城镇土地使用税优惠政策	自有：查看不动产权证中的土地用途，核实是否属于仓储用地，重新计算并与申报数核对 出租（承租）：查看租赁合同及不动产权证以确定面积，重新计算并与申报数核对	《关于继续实施物流企业大宗商品仓储设施用地城镇土地使用税优惠政策的公告》（财政部 税务总局公告2023年第5号）
4	居民供热使用土地免征城镇土地使用税	取得不动产权证及资产清单，确定资产的用途及价值，实际查看现场核实，重新计算并与申报数核对	《财政部 税务总局关于延续实施供热企业有关税收政策的公告》（财政部 税务总局公告2023年第56号）
5	农村饮水工程运营管理单位自用土地免征城镇土地使用税	取得不动产权证及资产清单，确定资产的用途及价值，实际查看现场核实，重新计算并与申报数核对	《财政部 税务总局关于继续实施农村饮水安全工程税收优惠政策的公告》（财政部 税务总局公告2023年第58号）

案例分析：出租人不纳税的合同约定风险

城镇土地使用税的纳税义务人是根据土地使用者的情况来确定的，对于出租后城镇土地使用税的缴纳，应当由承租方承担，那么出租方如何确保企业不承担任何税收风险。

某集团公司在对第一子公司进行年度税收诊断工作时，诊断小组发现固定资产增加了，查到第一子公司上年在外省购买了一栋房产，从购买的次月便将该房产出租给某设计公司。但在纳税申报时，并未申报城镇土地使用税。

诊断小组在出租合同中看到"关于该房产的城镇土地使用税由承租方承担并缴纳"的约定。第一子公司的财务人员认为，按照"拥有土地使用权的单位和个人不在土地所在地的，其土地的实际使用人和代管人为纳税人"的政策规定，合同这样签订是合法的，并且第一子公司也无须申报缴纳城镇土地使用税。

诊断小组立即要求第一子公司向承租人索取承租人缴纳城镇土地使用税

的税票，并建议合同中还应增加"承租人应在规定时间向出租方提供完税税票"的字样，这样可以更有效地保护公司，避免因承租人未及时纳税，而引发出租方的纳税风险。

案例分析：纳税时点理解偏差造成税收风险

城镇土地使用税从何时开始缴纳、何时停止缴纳是有明确的规定，但往往在实际业务中，纳税人对法条的理解不尽相同，也容易给企业造成纳税风险。税收诊断时要尽量索取与土地取得时的相关证据，来确保企业不出现纳税风险。

某建筑公司2023年在对其下属的子公司进行税收诊断时，发现子公司在2022年3月签订一项不动产收购的协议，协议中约定4月支付首笔定金，5月办理不动产转让手续，6月完成搬迁并进行不动产正式移交。

由于出售方搬迁出现延误，子公司是在2022年10月才办理完成不动产的移交手续，取得不动产权证书并开始装修，2023年1月正式投入使用。子公司的城镇土地使用税也是从2023年1月才开始缴纳。

按照城镇土地使用税的政策规定"纳税人购置存量房自办理房屋权属转移、变更登记手续房地产权属登记机关签发房屋权属证书的次月起缴纳城镇土地使用税"，而子公司2022年取得不动产权证书后并未计算缴纳城镇土地使用税，不符合税法规定，不仅让企业面临税收风险，甚至还可能面临罚款和滞纳金。

案例分析：现场盘查发现优惠政策理解错误导致税收风险

在城镇土地使用税优惠政策的使用上，企业常见的错误主要发生在对绿化面积、农林牧渔生产经营用地的理解，认为只要是农业用地都可以享受免税政策，这就需要税收诊断人员不但要索取相应的书面资料，还要到现场进行实际勘查，以确保企业享受的优惠政策是准确的。

某集团公司在进行2022年度的税收诊断中聘请了税务师事务所王某英担任诊断小组的总顾问。王某英在审核缴纳城镇土地使用税的土地面积时，发现面积偏少。随后在现场查看时了解到集团公司为员工提供舒适的工作环境，办公楼之间的大片区域打造成公园式休息区域，种满各种绿植。财务人员介绍说："这片小公园特别好，员工们都喜欢到这里放松，这也是我们财务提的建议，正好利用优惠政策，还给公司省下这片绿地的城镇土地使用税。"

王某英发现财务人员错误地理解了关于对企业厂区以外的公共绿化用地和向社会开放的公园用地，暂免征收城镇土地使用税的政策。虽然公司员工都称该绿地称为"公园"，但是这个公园并非向社会直接开放，达不到享受城镇土地使用税优惠政策的条件。通过王某英的计算，集团公司仅2022年度因该绿地少缴城镇土地使用税近10万元。

案例分析：未享受优惠政策导致多缴税

对于一些特定用途的土地，国家给予城镇土地使用税优惠政策。在实际操作中，普通企业的土地也会用于特定用途，但是财务人员如果对政策理解出现偏差，就可能造成企业无法应享尽享这些优惠政策，给企业造成税收成本的增加。

某集团公司主营爆破产品，因扩大生产需要建立新厂区。在进行2022年度的税收诊断时，诊断小组对新厂区的城镇土地使用税格外关注。在厂区观察时，诊断小组发现厂址选择在远离居民区的山区，为了确保公司的电力供应，公司在厂区的山坡上，划出大约300平方米提供给供电公司建立变电站。

诊断小组组长在审核缴纳城镇土地使用税的土地面积时，发现变电站的土地面积并未从征税面积中减少，确定了集团公司并未享受对供电部门的输电线路用地、变电站用地，免征城镇土地使用税的优惠政策。组长详细地向财务人员解释了变电站虽然占用了公司的土地，但变电站属于供电部门管理使用，所以公司的土地也可以享受该税收优惠政策。多缴的城镇土地使用税，可以向主管税务机关申请退税，为企业挽回损失。

第十三章　税收风险诊断——其他税种

自1994年税制改革以来，税种就停留在18种。有些税种虽然看起来影响力不大，但仍然是财政收入重要的组成部分，税务部门在税收管理上所使用的方法也不断在精进。本章重点介绍个人所得税、印花税、城市维护建设税、契税的税收诊断。

第一节　个人所得税诊断

《中华人民共和国个人所得税法》是所有税种中出台较早的一个所得税种。虽然个人所得税是由个人承担的税种，但由于个人取得的所得大部分来源于企业，所以个人所得税的缴纳也都多由企业代扣代缴。那么在对企业进行税收诊断时，个人所得税的税收诊断也是重要的组成部分。

个人所得税诊断方法与思路

对个人所得税开展税收诊断时，主要关注企业的代扣代缴义务的部分。涉及代扣个人所得税的税目主要有工资薪金所得、劳务报酬所得、稿酬所得、特许权使用费所得、股息红利所得等。

在这几项税目中，最容易出现涉税风险的就是工资薪金及劳务报酬所得，这也是税收诊断开展的重点方向。具体诊断方法可以参考表13-1。

表13-1　个人所得税诊断程序表

序号	项目	诊断方法	诊断证据	诊断结论
1	变相发放的工资是否均计入个人所得税的计税依据：如支付佣金与发放的各种年终奖金等	查看应付职工薪酬、账面工资、销售费用、福利费、管理费用等科目，并与个人所得税申报进行比对，查明差异原因		

续上表

序号	项目	诊断方法	诊断证据	诊断结论
2	应计入个人所得税计税依据的保险金是否计入： （1）为职工超标准缴纳的年金、以年金等名义发放的津补贴、绩效奖金； （2）为职工购买的各种商业保险； （3）超标准为职工支付的养老、失业和医疗保险； （4）超标准为职工缴存的住房公积金	查看账面工资及福利费计提的支付情况，并与个人所得申报进行比对，查明差异原因		
3	应计入个人所得税计税依据的福利是否计入： （1）通信补贴、伙食补贴、误餐补贴、住房补贴、医疗补助费等； （2）为职工个人所有的房产支付的暖气费、物业费。 （3）逢年过节的福利产品	查看账面工资、福利费、管理费用的支付情况，并与个人所得税申报进行比对，查明差异原因		
4	是否存在变相发放奖金未计入个人所得税的情况 （1）以报销形式向职工支付的各种个人收入； （2）以组织境内外免费培训班、研讨会、工作考察（包括疗养）等形式，对员工营销业绩进行奖励（包括实物、有价证券等）	查看账面培训费、会议费及差旅费等相关科目是否存在类似奖励，并针对落实个人所得税申报情况		
5	企业为股东个人购买汽车、住房是否扣缴个人所得税	落实购入汽车产权情况，并查看账务处理，核实个人所得申报情况		
6	对公司董事由于担任董事职务所取得的董事费收入，是否错用所得项目征税，即独立董事董事费未按照劳务报酬所得项目扣缴个人所得税，兼职董事董事费用未与其当月工资、薪金合并，按工资、薪金所得计算缴纳	查看个人所得申报数据，针对性核实董事个人所得申报情况		

续上表

序号	项目	诊断方法	诊断证据	诊断结论
7	发放个人因解除劳动关系而支付给个人的一次性补偿费（包括用人单位发放的经济补偿金、生活补助费和其他补助费用）时，是否按规定按照"工资、薪金所得"项目计算扣缴个人所得税	查看个人所得申报数据，针对性核实离职人员个人所得申报情况		
8	股票期权收入实行员工股票期权计划的，员工在行权时获得的差价收益，是否按工薪所得缴纳个人所得税	关注行权时的账务处理，并与个人所得申报情况进行比对		
9	赠送给其他单位个人的礼品、礼金等是否按规定代扣代缴个人所得税	关注赠送时的账务处理，并与个人所得申报情况进行比对		

案例分析：购买商业保险是否代扣个人所得税的争议

人是企业发展最核心最有价值的资源。做好人才激励是每个企业家面临在正常社会统筹保险金之外，为员工承担其超标准缴纳的年金、以年金等名义发放的津贴补贴、绩效奖金、为职工购买的各种商业保险等也是吸引人才的手段。

无论是以现金形式发放给员工去缴纳商业保险，还是以公司名义为员工购买商业保险，最终的利益获得者都是员工个人。尽管员工并未在当期获得利益，但仍需要在当期承担和缴纳个人所得税。

某电脑生产销售公司聘请了税务师事务所的王部长开展企业的税收诊断业务，诊断人员发现该公司的员工福利待遇不错。不仅每个重大节日都会发放纪念品，时令季节还会发一些水果、海鲜。

诊断人员判断公司在个人所得税代扣方面有较大的可能性出现税收风险。财务人员则明确表示，不仅公司发放给员工的所有福利均已经并入工资总额，申报了个人所得税，员工的奖金也都全部计入到员工的工资，作为计算个人所得税的计税依据。

诊断人员随即在每个部门中抽查了10%的人员进行了个人所得税代扣税金的测算。经过测算，公司确实把给员工的苹果、海鲜等福利及奖金都计入到员工的工资中。但在测算中，诊断人员发现公司还为部门经理级别以上的员工缴纳商业保险，而这些商业保险却未并入工资总额申报个人所得税。

财务人员提出商业保险是公司直接支付给保险公司的，不应该并入到员工的工资薪酬中。诊断人员也找到政策并耐心予以解释，政策规定"单位统一组织为员工购买或者单位和个人共同负担购买符合规定的商业健康保险产品，单位负担部分应当实名计入个人工资薪金明细清单，视同个人购买，并自购买产品次月起，在不超过200元/月的标准内按月扣除"。

案例分析：一次性补偿费的个人所得税争议风波

员工离职和退休之前，都可能会在退离职的单位领到一笔工资之外的款项。对于这笔钱如何计算个人所得税，国家有着明确的规定，但在实际操作中，仍然会有企业在这个环节出现税收风险。

诊断人员在对某设备公司进行诊断时，发现营业外支出有一笔93 200.68元的补偿款，记账凭证显示，这笔款项是支付给了一名离职的员工张某。张某虽然在公司工作近10年，但因其能力及态度问题，始终无法取得成果，最终公司决定解除张某的劳动关系。

诊断人员，通过查看个人所得税的申报表与张某的工资单，确定公司将支付给张某的一次性补偿金计入到个人所得税申报的工资总额中，但具体计算却存在差错。与负责计算个人所得税的人事部门专员小吴核对后，诊断人员发现小吴是将一次性补偿金并入当月的工资，计算的个人所得税。

诊断人员将"个人与用人单位解除劳动关系取得一次性补偿收入（包括用人单位发放的经济补偿金、生活补助费和其他补助费），在当地上年职工平均工资三倍数额以内的部分，免征个人所得税；超过三倍数额的部分，不并入当年综合所得，单独适用综合所得税率表，计算纳税"的规定展示给小吴后，小吴才理解自己的做法存在差错，并重新计算了一次性补偿金应该代扣的个人所得税。

第二节 印花税的税收诊断

印花税是一个古老的税种，因采用在应税凭证上粘贴印花税票作为完税标志而得名。印花税税率低，但由于涉及领域宽、范围广，实际对国家的税收贡献却不是最低的,甚至超过房产税和资源税在财政收入中的占比。

印花税诊断方法与思路

印花税虽然不像企业所得税、增值税那样计算繁杂,但印花税涉及的税目多,包括购销合同、借款合同、运输合同等,个人所得税税目的计税依据又各不相同。

在个人所得税税目的计算中,又存在一些特殊的规定,财务人员往往会忽视非常规的合同印花税和印花税的免税政策规定,给企业造成税收风险。比如与资金账簿印花税,与借款、保险业务相关的印花税,都是非经常性业务,很容易出现漏缴的情况。具体可以参考表13-2和表13-3。

表13-2 与资金账簿印花税诊断程序表

序号	项目	诊断方法	政策依据	诊断结论
1	记载资金的账簿,以后年度资金总额比已贴花资金总额增加的,增加部分是否按规定贴花	(1) 通过网上工商登记系统查询企业的注册资本是否发生变化; (2) 查看实收资本和资本公积账簿,当年是否有新增,是否申报资金账簿印花税	《中华人民共和国印花税法》	
2	以合并或分立方式成立的新企业,其新启用的资金账簿记载的资金,是否多贴花	(1) 询问企业是否存在合并分立的情况; (2) 查看账簿是否存在新增实收资本或资本公积的情况; (3) 核对纳税申报表是否进行申报	《财政部 国家税务总局关于企业改制重组及事业单位改制有关印花税政策的公告》(财政部税务总局公告2024年第14号)	

表13-3 与借款、保险业务相关的印花税诊断程序底稿

序号	项目	诊断方法	政策依据	诊断结论
1	查核企业签订的借款合同中既有应税金额又有免税金额的,不能划分清楚的,是否按借款总金额计税贴花	查看财务账簿,本年是否有新增的银行借款;查看合同,明确是否存在免税的情况	《国家税务局关于对借款合同贴花问题的具体规定》(〔1988〕国税地字第30号)	

续上表

序号	项目	诊断方法	政策依据	诊断结论
2	确定非银行等金融机构的借款，是否计算借款印花税	对当年新增银行借款与已缴借款合同印花税进行测算，如比率与税率存在差异，可逐笔查看申报表的情况	《中华人民共和国印花税法》	
3	企业在签订流动资金周转借款合同（一般按年签订，规定最高限额在规定的期限和最高限额内随借随还）时，是否按合同规定的限额计税贴花	查看借款合同及授信额度，并重新计算并与企业申报印花税进行核对	《国家税务局关于对借款合同贴花问题的具体规定》（〔1988〕国税地字30号）	
4	签订财产保险合同或单据的，除另有规定外，在签订时是否按保险费金额依"财产保险合同"税目计税贴花	查看账簿，是否有保险费支出，重新计算印花税并与申报表核对	《中华人民共和国印花税法》、《国家税务局关于对保险公司征收印花税有关问题的通知》（国税地字〔1988〕37号）	

印花税优惠政策的税收诊断程序包括非特殊行业的免税业务、特殊行业的免税业务、小微企业的减免税政策、证券交易类与特定项目减免税政策的税收诊断程序。非特殊行业的免税业务诊断程序可以参考表13-4。

表13-4　与非特殊行业的免税业务的印花税诊断程序底稿

序号	项目	诊断方法	政策依据	诊断结论
1	无息或贴息借款合同等免税	查看借款合同，财务费用（利息收入）明细账，确定是否符合条件	《中华人民共和国印花税法》	
2	财产赠予	咨询并查看营业外支出是否有财产赠与事项，并了解是否交过印花税	《中华人民共和国印花税法》	
3	股权赠给政府、社会福利单位、公立学校	查看实收资本账簿，核实是否存在股权赠予政府、社会福利单位、公立学校的行为	《中华人民共和国印花税法》	

案例分析：不是所有的借贷合同都要计算印花税

印花税的税目较多，但是与企业的主业相关的税目往往并不多，在具体诊断时，对于缴纳较多的印花税，或发生与印花税相关的业务，重点抽查并且排查是否存在多缴或者少缴的情况。

由于印花税属于列举式的，未在列示范围内的合同不缴税。但在实际操作中，经常会存在对政策理解不透彻，扩大缴税范围，导致发生多缴税的情况。

某集团公司在对其下属的某子公司进行2022年度的税收诊断工作。诊断小组发现该子公司存在大量的借款，于是对该子公司的借款合同的印花税进行了详细的测试，发现税额占借款金额的比例过高，怀疑其借款金额归集有误。

随后诊断小组了解到子公司因所处行业受到金融风暴的冲击，企业的资金流出现短缺。该子公司向银行累计贷款10 000万元，对其他关联方公司与上下游企业的借款累计达到6 000万元，财务人员将这16 000万元的借款合同均作为印花税的计税依据。

实际上按照相关法律规定借款合同的范围是指银行业金融机构、经国务院银行业监督管理机构批准设立的其他金融机构与借款人（不包括同业拆借）所签订的借款合同，按借款金额万分之零点五缴纳印花税。

所以该子司与银行签订的10 000万元的借款合同应该正常申报印花税，而与某商贸公司签订的6 000万元的借款合同无须申报印花税。正是此次的税收诊断帮助企业降低了企业的涉税风险。

案例分析：资金印花税如何漏缴与多缴

营业账簿印花税的计算较为简单，对于普通企业来讲是根据实收资本（股本）、资本公积合计金额的万分之二点五计算。但当企业发生分立、合并、资本公积增资等情况时，往往会出现对政策把握不好，导致发生多缴或少缴的情况。

2022年，注册资本为100万元的AA工贸公司将30万元注册资本分立新设了BB商贸公司。2023年3月，BB商贸公司将注册资本增加到70万元，并全部补缴到位。

在对 BB 商贸公司进行税收诊断时，诊断小组特意查看营业账簿的印花税。结果发现并未缴纳新增实收资本的印花税。诊断小组向财务人员核实，财务人员承认忽视了这种非常规业务形成的印花税，并补充税款。公司成立时，分立来的实收资本也未申报缴纳营业账簿的印花税，下月会将 70 万元实收资本的印花税一并申报缴纳。

诊断小组马上追查分立前 AA 工贸公司 100 万元注册资本印花税的缴纳情况。AA 工贸公司提供的信息显示，实收资本 100 万元在分立前均已到位，并全部计算缴纳了资金账簿的印花税。

诊断人员随后向 BB 商贸公司的财务人员解释按照相关法律的规定"实行公司制改造的企业在改制过程中成立的新企业（重新办理法人登记的），其新启用的资金账簿记载的资金或因企业建立资本纽带关系而增加的资金，凡原已贴花的部分可不再贴花，未贴花的部分和以后新增加的资金按规定贴花"。也就是说企业分立前的 30 万元的资金已经缴纳过印花税，分立后的公司继承了原公司的部分资金不再需要缴纳，但新增的 40 万元的资金应当正常缴纳资金账簿的印花税。

第三节 城市维护建设税诊断

城市维护建设税的纳税义务人是在我国境内缴纳增值税、消费税的单位和个人。城市维护建设税是稳定和扩大城市发展建设的重要资金来源。地方政府对城市维护建设税的收取也是非常重视的。做好城市维护建设税的税收诊断是防止企业纳税风险的重要工作之一。

税收诊断方法与思路

城市维护建设税是以企业缴纳的增值税、消费税为计税依据的附加税。所以城市维护建设税的税收诊断相对更容易一些，只要增值税、消费税存在问题，那么城市维护建设税也就存在相同的问题。

但也有特殊情况，城市维护建设税会单独出现税收风险，具体诊断方法可以参考表 13-5。

表 13-5 城市维护建设税税收风险诊断程序表

序号	项目	手段	政策依据	诊断证据	论断结论
1	在缴纳增值税、消费税时，是否存在未按规定申报城市维护建设税的情况	（1）核对增值税、消费税纳税申报数据与城市维护建设税纳税申报表的计税依据，并重新计算；（2）核对城市维护建设税纳税申报表与账面计提、缴纳数是否一致	《财政部 税务总局关于城市维护建设税计税依据确定办法等事项的公告》（财政部 税务总局公告2021年第28号）		
2	增值税的免抵税额是否作为计税依据				
3	增值税、消费税退税，是否退还已缴纳的城市维护建设税。先征后返、先征后退、即征即退"两税"的，是否退还城市维护建设税				
4	"免、抵"税额要缴纳：在出口货物实行"免、抵、退"税办法后，经税务部门审核批准当期免抵增值税税额时，是否存在未按规定缴纳城市维护建设税的情况	取得企业增值税及出口退税申报表重新计算			
5	进口货物或境外单位和个人向境内销售劳务、服务、无形资产缴纳的"两税"税额是否作为计税依据	抽查进口税票核对城市维护建设税缴纳情况			
6	在代扣代缴，代征增值税、消费税时，是否存在未按规定代扣代征城市维护建设税的情况	取得代扣代缴税票核对数据	《国家税务总局关于城市维护建设税征收管理有关事项的公告》（国家税务总局公告2021年第26号）		
7	发生受托代征（收）（扣）行为时，是否按规定并依据缴纳增值税、消费税所在地适用税率代征（扣）城市维护建设税				

案例分析：财务人员的政策理解出偏差导致税收风险

出口企业在计算增值税时，会产生免抵税额。由于免抵税额并不是实际缴纳的增值税，所以很多财务人员在计算城市维护建设税时，在这个环节很容易漏算。

某服装公司在进行年度的税收诊断工作时，诊断小组关注到这个公司的进出口业务较多，在诊断计划时即将该公司与增值税免抵税额相关的城市维护建设税作为诊断重点。

诊断小组查看了增值税纳税申报表的免抵税额，又通过查看应交税费的城市维护建设税的计提情况，发现该公司的免抵税额没有对应计算缴纳城市维护建设税。

在诊断小组向财务人员展示税法的规定城市维护建设税以纳税人依法实际缴纳的增值税、消费税税额为计税依据。依法实际缴纳的增值税、消费税税额，是指纳税人依照增值税、消费税相关法律法规和税收政策规定计算的应当缴纳的两税税额（不含因进口货物或境外单位和个人向境内销售劳务、服务、无形资产缴纳的两税税额），加上增值税免抵税额，扣除直接减免的两税税额和期末留抵退税退还的增值税税额后的金额"，财务人员才发现对政策的理解出现了偏差。

财务人员在次月及时将企业漏缴的城市维护建设税进行申报补税，避免因此造成的税收风险。

第四节 契税的税收诊断

与房地产相关的税种中，契税是比较独特的税种。交易过程中出售方是受益群体，但是契税包含在出售价格中却是由买受方承担。

契税由来已久，由于房产、土地是重资产，让受让方承担一定的税款，目的是防止非法转移资产、侵害个人财产行为的发生。购买不动产的行为并不是经常性业务，所以契税的税收诊断也相对容易。

契税诊断方法与思路

契税征税范围包括：国有土地使用权出让、土地使用权的转让、房屋买卖、房屋赠与、房屋互换等。契税的税收诊断主要是针对容易出现差错的几个方面展开工作，具体可参考表13-6。

表13-6 契税诊断主要程序表

序号	项目	诊断方法	政策依据	诊断结论
1	是否存在同一投资主体内划转土地而缴纳契税的情况	查看土地使用权及房产账是否有变动，了解企业不动产当年变动情况	《财政部 税务总局关于继续实施企业、事业单位改制重组有关契税政策的公告》（财政部 税务总局公告2023年第49号）	
2	对外投资的不动产是否缴纳契税	查看长期投资是否有变动，了解是否存在土地使用权和房产投资情况	《中华人民共和国契税法》	
3	土地补偿费、安置补助费、地上附着物和青苗补偿费、拆迁补偿费、市政建设配套费，是否缴纳契税	涉及房地产开发企业取得土地的，针对与契税计税依据相关的支出逐笔核查，核对契税申报情况	《财政部 税务总局关于贯彻实施契税法若干事项执行口径的公告》（财政部 税务总局公告2021年第23号）	

案例分析：市政建设配套费未缴契税是高发风险

企业购买国有土地使用权后，需要缴纳与国有土地使用权相关的契税。契税的计税依据除国有土地出让金外，土地补偿费、安置补助费、地上附着物和青苗补偿费、拆迁补偿费、市政建设配套费也属于契税的计税依据。由于这些费用往往是在办理土地使用权证后才发生的，企业漏缴契税的情况时有发生。

诊断小组在对某集团公司下属房地产公司进行税收诊断时，发现该公司正在开发的国有土地使用权是在2021年3月通过"招、拍、挂"的方式取得，合同约定国有土地出让金的金额为6 000万元。在办理国有土地使用权证时，共缴纳契税180万元。

由于市政建设配套费漏缴契税的情况较多，所以诊断小组将契税作为本次诊断的重点。截至2022年12月，各类市政配套费共计上交1 000余万元。

诊断人员在近两年的纳税申报表中与财务账面上均未发现缴纳契税的信息。诊断人员向财务人员出示了税法的相关规定"以协议方式出让的，其契税计税价格为成交价格。成交价格包括土地使用权出让金、土地补偿费、安置补助费、地上附着物和青苗补偿费、拆迁补偿费、市政建设配套费等承受者应支付的货币、实物、无形资产及其他经济利益。以竞价方式出让的，其契税计税价格，一般应确定为竞价的成交价格，土地使用权出让金、市政建设配套费和各种补偿费用应包括在内。"财务人员承认该部分对应的契税确实未计算缴纳。

第四篇　从重点行业看税收诊断

本篇聚焦于重点行业的税收诊断，通过对制造业，商品流通、服务、流通流转业，房地产与建筑装修装饰行业等典型领域的案例分析，揭示在税收政策执行、税务筹划、合规风险防控等方面的现状与问题。提出针对性的税收诊断工具与策略，旨在帮助企业精准识别税务风险，优化税务管理流程，提升合规水平。

第十四章 制造行业案例分析

制造业是利用可制造的资源，按照市场要求，通过制造过程，转化为可供人们使用和利用的大型工具、工业品和生活消费产品的行业。制造业直接体现了一个国家的生产力水平，是区别发展中国家和发达国家的重要因素，也是提供税源的主要力量。本章从重工业和轻工业中选取有代表性的企业，重点介绍如何开展税收诊断。

第一节 重工业税收风险诊断综合案例

"重工业"是相对于"轻工业"而言的，提供生产资料的称为重工业，生产消费资料的称为轻工业。重工业包括煤矿、钢铁、冶金、机械、能源（电力、石油、煤炭、天然气等）、化学、材料等工业。本书选取煤矿业、化工业和机械制造业作为重点，介绍如何利用行业特点进行税收诊断。

煤矿企业税收诊断

煤矿是国家重要的能源产业和经济产业，是推动国家建设发展的基石。煤矿企业的特点是产量与耗电紧密相关，这是发现税务问题的重要指标之一。

某矿产集团旗下子公司某煤矿企业主要从事煤炭的开采和销售，其客户规模不一。集团为了降低税收风险，对所有子公司开展税收诊断。

诊断人员在对以煤矿开采为主的子公司开展税收诊断业务时，在核对财务数据和各项指标时，发现该公司2023年的产量与耗电量比率与以往年度相比较存在明显差异。在排除电费单价变化的影响因素后，诊断人员怀疑该子公司2023年的产量存在少报情况。

诊断人员决定立刻对产量进行重点审核。一部分诊断人员对仓库进行突击盘点，并收集了仓库的出入库手续进行核对。另一部分诊断人员直接进入销售部门，并查看销售台账，抽查销售合同，与仓库的出库手续、运输台账进行核对。

通过这些核对，诊断人员发现该公司销售台账登记的数量远高于财务账面记录的产量。一部分是一些散户购买的煤炭，未索取发票。最大的一笔是当年新增的一个大客户，是一家民营供热企业。由于对方不需要发票，因此形成的产量就未登记入库，而是直接将入库和出库手续一并交付给了销售部门，另行登记了一套销售台账。仅 2023 年这本销售台账就记录了企业有将近 1 600 万元的收入未正常计税。

化工企业税收诊断

化工企业的生产工艺并不复杂，大多数化工企业从原材料投入到形成产品的周期都在一天或几天内完成。化工产品的关键在于配方的研发。而化工企业的利润相对来讲比较高，所以很多化工企业都有研发支出，并申请为高新技术企业。

某化工企业主要从事化学药品的研发与销售，其在 2023 年申请成为高新技术企业。为了确保符合高新技术企业的要求，同时也确保正常经营运转，该企业聘请专业的税收诊断小组开展详细的税收诊断业务。

诊断小组入驻现场后，在企业的生产车间了解生产工艺和经营方式，并到研发部门现场调研。诊断小组向财务部门索要了关于研发支出的相关资料，以及高新技术企业资格的申报材料，发现企业存在的问题。

诊断小组发现现场的员工数量高于申报材料中人员数量，在财务账面中也发现企业存在劳务外包支出。但在索要该部分员工的劳务外包合同后，一直未收到相关人员的回复。

申请高新技术企业中关于人员比例的规定中，对从事研发创新活动的科技人员占当年职工总数的比例不低于 10%。而由于企业总职工人数过多，实际的科技人员数量难以造假，但是降低企业职工人数也可以同样达到将比例降低的目的。

所以诊断人员怀疑该企业为了达到符合高新技术企业的要求，对本就属于企业的员工伪装成劳务外包。经过诊断人员的再三要求，财务负责人提供了劳务外包的合同，但对合同条款进行审查时发现，合同明确列示这些劳动人员仍然属于企业员工，只是由劳务外包方代为发放工资。

诊断人员向财务人员讲明存在的税收风险，并在诊断报告中详细列明了此项操作可能给企业带来的后果。

热电企业税收诊断

热电企业在能源供应中占据重要地位，是现代工业和城市发展的基础设施之一。在一些大型城市或重要工业地区对电力供应的稳定性和可靠性要求较高，国有企业可能在资源和资金方面更具优势。随着市场经济的发展和民营企业的崛起，民营热电企业也在逐渐增加。确保热电企业的运营符合环保标准，促进可持续发展，当地政府都会给予一些资金的支持。取得政府补贴如何在税收上避免风险是热电行业面临的重要问题之一。

2023年，某国有热电公司聘请税务师事务所开展税收诊断工作。税务师事务所组建"五人诊断小组"进驻公司。

诊断小组查看财务报表与纳税申报表时，发现"递延收益"科目余额为3.5亿元，"补贴收入"科目余额为1.7亿元，因此将收取政府补贴作为本次税收诊断的重点内容之一。

诊断小组索取了所有与递延收益和补贴收入相关的政府补贴文件，以及申请资料和财务处理资料，并进行逐项核对。政策补贴的内容基本可以分为三类：第一类是管道和基础设施建设类；第二类是发电补贴；第三类是电价补贴。

针对补贴文件中的内容说明，其中对于第三类的电价补贴，诊断小组认为其补贴是根据居民的实际用电量给予的补贴，其与供电销售紧密相关，因此这部分补贴应缴纳增值税。目前，热电公司对第三类补贴仅并入应纳税所得额计征了企业所得税，但并未计提增值税。

对于其他两类补贴，都不应当计提增值税，并且均属于不征税收入的范畴。热电公司的操作也与诊断小组的判断一致。

经过反复沟通，最终热电公司的高层与财务人员认同诊断小组的建议，积极补缴税款，排除了这个重大的税收风险隐患。

第二节 非农轻工业税收风险诊断综合案例

轻工业主要是指生产生活资料的工业部门，包括：食品、纺织、家具、造纸、印刷、日用化工、文具、文化用品、体育用品等。从大类上又可分为以农产品为原料的轻工业和以非农产品为原料的轻工业。本节在非农产品为原料轻工业中，选择医药制造业、软件业和造船业三个比较有特点的税收诊断案例来介绍。

医药制造业税收诊断

医药制造业的产品主要包括药品和医疗器械，产品大多出售给医院和药房。医药制造业普遍具有利润高、销售费用占比高的特点，因此在税收诊断中，企业所得税的审核是重中之重。

某医药集团对下属子公司进行税收诊断。诊断小组到达从事药品的研制和销售的子公司后，立即开始收集所有的财务资料。连续三年的财务报表中显示毛利率均在40%左右，而销售费用每年在30%～40%之间，几乎接近成本占比。

诊断小组将销售费用的真实性、合法性作为本次诊断的重点。诊断小组将销售费用的构成作出重点分析，并重点抽查超过3万元的销售费用支出。通过原始凭证的核对，诊断小组发现大部分销售费用是由劳务费、咨询费构成。开具发票的单位都是来自全国各地的机构，而来自上海的发票特别多，且在5万元左右的咨询费就有100多笔。

诊断人员向财务人员索取咨询费的合同，但财务人员无法提供，而对于劳务费，财务人员仅提供了三份合同，其他几十笔均无法提供合同。诊断人员进一步向销售部门核实，销售部门承认这些咨询费和劳务费其实是给客户的提成款。销售人员用亲属的名义在异地找了一些个体工商户代开发票，这无疑给企业留下了很大的税收风险。

软件业税收诊断

软件业属于国家鼓励的行业，所以需要特别关注税收优惠政策的规定。一些企业为了享受优惠政策，将不符合软件标准的产品包含在软件收入中，或为他人虚开发票虚假退税，同时也存在对政策理解不明确，导致错误执行政策的行为。

2023年6月，某生产加工大型机床的公司聘请税务师事务所为公司开展税收诊断工作。税务师事务所组建"五人诊断小组"进驻公司。

诊断小组在查看企业的组织架构时，发现企业有一个软件开发部门。经过了解，公司是在2021年增加数字机床项目，并根据客户的需求定制不同的数字控制软件。增设的软件开发部门主要为该数字机床配套操作软件。而这个新产品项目在2022年就为公司增加2 000万元的营业额，毛利润达到了1 000万元。

诊断小组发现公司2022年利润总额约为3 000万元，而因软件开发形成的利润就贡献了公司总利润的三分之一。但是由于公司整体收入近3亿元，而且大部分经营项目属于传统产业，无论是高新技术企业的企业所得税优惠政策，还是软件企业即征即退增值税的政策均难以享受。

诊断小组在与公司高管交流时，发现软件开发部门创造的利润虽然高，但是薪酬绩效沿用了公司传统产业的分配模式。在2023年初发放上年度奖金时，开发部门的工作人员对此异议很大，已经造成软件开发团队战斗力的下降。

诊断小组最终在诊断报告中提出，软件开发部门无论从业务形态还是产品特点，都与原机械制造行业存在较大不同。如果能够独立成立公司，不但薪酬体系可以按软件行业进行调整，而且软件开发公司的所有收入均与软件开发相关，不但可以享受增值税即征即退政策，还可以享受"两免三减半"的企业所得税政策，即使过了5年的优惠期，还可以再申请高新技术企业。如果企业对国家给予的政策应享未享，就是加大了企业的税收成本，给企业造成了损失。

造船业税收诊断

造船业虽然属于轻工业，但大部分造船的周期都超过一年，而企业所得税则是按年度进行汇算清缴，那么工程在年末没有完工，就需要按工程形象进度来确认收入。而何时确认收入，确认多少收入？这正是造船业最大的一个税收问题。

某税务师事务所在对造船制造公司开展税收诊断业务时，特别关注营业收入的确认。向销售部门索取近三年签订的销售合同，与账面确认收入的数据进行逐一核对。

根据合同内容，在2023年交付的共有18艘船，其中15艘船是于2022年签订的合同，有 3 艘是在 2023 年初签订的。另外，公司于 2023 年签订了 23 艘船是 2024 年交付的。

在主营业务收入中，实际确认收入有 8 艘船，是 2022 年以前签订但在 2022 年收到尾款的船，还有 17 艘是 2023 年实际交付的船。

对于 1 艘船由于船主未付款导致实际未交付的船，公司并未确认收入。另外，在 2023 年签订在 2024 年交付的 23 艘船，有 18 艘船已经完成大半。这 23 艘船均收取了 20% 的订金，但均未确认收入。

诊断小组向公司领导和财务人员出示了增值税的相关规定："纳税人生产销售生产工期超过 12 个月的大型机械设备、船舶、飞机等货物，纳税义务发生时间为收到预收款或者书面合同约定的收款日期的当天"。企业所得税方面按照"企业受托加工制造大型机械设备、船舶、飞机，以及从事建筑、安装、装配工程业务或者提供其他劳务等，持续时间超过 12 个月的，按照纳税年度内完工进度或者完成的工作量确认收入的实现"的规定。

诊断小组通过初步测算，这部分应当确认收入但未确认收入的金额，共影响税款超过 300 万元，并提醒造船公司尽快完成补税工作，避免造成税收处罚和滞纳金。

第三节　农副食品加工业与林木种植业税收风险诊断综合案例

农副食品加工业与林木种植业在税收中基本都会涉及税收优惠政策。企业应充分理解国家对发展农产品企业的鼓励和支持，利用好这些优惠政策，降低企业成本，扩大生产，稳定供应，从根本上保障民生。

农副食品加工行业税收诊断

对于农副食品加工行业的企业来说，最容易出现运用税收优惠政策不当的情况，一些不符合减免税政策的产品也混在减免税产品中，导致税收风险的发生。

某税务师事务所对山东一家肉联食品公司开展税收诊断工作。为了尽快了解公司的经营情况，诊断人员首先收集了公司的财务数据，并对整个工艺流程进行考察。

从账面上看，公司对外销售的肉制品主要以鲜肉切块包装后销售。但在车间查看工艺流程时，诊断人员发现有一个车间主要是腌制牛排的。该车间将新鲜牛排肉作为原料，通过添加盐、胡椒粉等调料进行腌制，再进行包装出售。

诊断人员在账面查找腌制牛排的销售记录。通过财务人员的解释，诊断人员发现了腌制牛排是以产品编号的形式记录，与鲜肉销售一起记录，并未单独核算。财务人员认为冷鲜肉和生牛排都属于生鲜制品，成本差异不大，同样享受了农产品初加工的企业所得税免税优惠，没必要单独核算。

诊断人员提醒财务人员，企业直接销售的冷鲜肉属于农产品的初加工范围，可以享受优惠政策。但对腌制的生牛排销售，因其进行了调味、腌制等加工流程，不属于初加工的范围，对应的收入就不能享受企业所得税免税的优惠政策。两者应该分别核算其销售收入，进行税务处理。

随后诊断人员与财务人员共同将企业的收入进行了分离，并更正了企业的纳税申报表，并根据销售生牛排的收入补缴了相应的税款，降低了企业涉税风险。

养殖与加工行业税收诊断

养殖与加工是分属两个不同的行为，在税收管理上，也分别对应着不同的税收政策。有些企业既养殖又加工，如果把握不好税收优惠政策，就会出现缴税金额有误的情况。

某税务师事务所对山东泰祥卤味生产有限公司开展税收诊断工作。了解到该公司自成立开始，就一直从上游供应商购买原材料从事食品加工。2021年初，为了加强对上游原材料的质量控制，决定实现自给自足的经营方式。在厂区的后山承包了20亩地，专门用于家禽养殖，并成为从养殖、屠宰、加工、包装一体化的卤味生产企业。

诊断人员对公司税负进行了测算后，发现一体化的经营方式虽然有利于公司业务的开展，但也会导致公司增值税的税负过高的情况。总经理说自己也知道农产品免税政策，但公司现在养殖的这些家禽都是企业自用的，无法享受相关的优惠政策。

诊断人员认为公司的经营链条存在不合理，按照现在的这种情况，确实是无法享受优惠政策。诊断人员提醒总经理，如果将养殖环节独立成立专业养殖公司，养殖公司不但可以将产品直接出售享受免税政策，而且出售给加工公司的产品，还可以用于加工公司的抵扣。也就是说加工公司专业化负责加工生产，从养殖公司购入的农产品虽然取得的是免税发票，但仍然可以享受按照票面金额的10%计算抵扣进项税额。

林木种植行业税收诊断

林木的种植属于农业生产行业，但园林绿化工程则属于建筑施工。当两种不同的行为发生在同一企业时，则适用的税率是完全不同的。如果把握不好税收优惠政策，就会导致企业税负增加。

2023年，内蒙古胜利园林绿化公司（以下简称公司）聘请了税务师事务所为企业开展税收诊断。2022年，公司收入1.2亿元，成本只有0.6万元，与同行业毛利率进行比对相差较大。

诊断小组查看了成本的构成，并与收入合同进行匹配，发现公司使用的树苗并非都是采购的，在长期待摊费用中发现100万元的租金摊销。通过查看租金合同，诊断小组了解到，公司在邻县承包100亩林地，5年前就开始种树。

在2022年，公司为很多小区提供施工的绿化用树，大部分取自自种的树木。由于自种的树木成本低，成活率高就形成了较高的利润。几年前的投资终于在2022年施工中显现出来。

诊断人员提出林木种植的所得可以享受企业所得税的减免，但财务人员并未将林木种植从收入中独立核算，在税收的计算上是将林木种植形成的收入与工程收入一并计算了增值税和企业所得税。

总经理认为是财务人员没有处理好，才导致公司无法享受国家的优惠政策。同时，还认为公司做的是国家鼓励的事情，理应享受这些税收优惠政策。诊断人员提出，要想充分享受税收优惠政策，应从根本上解决混同的问题，不仅仅与客户签订的合同要分清林木种植和建筑施工用于绿化的金额，账面上也要分清，包括影响树木种植项目所得的管理费用、财务费用等。

诊断人员提醒将林木种植的业务由专门的种植公司负责，种植公司与园林绿化公司分别给客户开具林木销售发票和绿化工程发票。两家公司的人员、资金全部分割，确保各自独立经营，才能从根本上解决混同问题。而园林公司栽种自产的树木变成由园林公司栽种他人供给的树木，这样还可以享受增值税简易计税方法。而种植公司出售的树木还可以享受免缴增值税和企业所得税的优惠政策。

第十五章　商品流通、服务和流通流转行业案例分析

本章中将从商品流通、服务和流通流转行业中选取典型的税收诊断案例进行详细讲述。

第一节　商品流通行业税收风险诊断综合案例

本节选取批发零售、外贸进出口、废旧物资收购企业三个典型的税收诊断案例，能够反映商品流通行业的税收特点。

商品批发零售企业税收诊断

对于商品批发零售企业来讲，主要是为满足老百姓的日常消费。由于老百姓购买日用商品不需要企业开具发票，企业的销售收入是否全额申报就形成了不受发票系统监管的空间。由于批发企业是零售企业的上游公司，往往通过批发企业就可以追查到零售企业的税收问题。

某手机零售连锁经营公司旗下设有百余家子公司和营业部，为了降低税收风险，2023年聘请了专业的税收诊断团队对旗下单位开展全面的税收诊断业务。

诊断人员在比对多家零售子公司的资产负债表后，均发现预付账款金额较大的情况。预付账款中金额最大的基本都是付给集团公司旗下的另外一家子公司，而这家子公司的主业则是负责手机批发的公司。

诊断人员抽取销售最火的某品牌手机销售信息，并与入库单、出库单、收款小票及发票进行核对，并同时对批发公司账面中该手机的采购和批发数据进行核对，发现重大差异。

最终，诊断人员了解到该业务的全貌。批发公司从各大手机厂商进货，由于手机生产企业较为规范，无论批发公司是否索取发票，手机生产企业都

会给批发公司开具增值税专用发票。而批发公司面对的是零售店，零售店面对的大多是不要发票的老百姓，所以绝大部分情况下，零售店不希望批发公司给零售店开发票。

这就造成批发企业实际已经将货物出售给了零售商，而零售商拿到货，付了款但不想要发票，就形成零售商大额的预付账款。零售商将货物卖掉，不确认收入，自然就不需要确认销售成本。这样大量已售的商品就会积压在零售商的预付账款中，而已售货物的款项也存在账外。

仅这一项，可能造成的税收风险预计近千万元。诊断人员将诊断的结果上报给了集团总部。

外贸进出口企业税收诊断

为鼓励产品出口创汇，提高产品的世界竞争力，我国采取出口商品"免、抵、退"增值税的优惠政策。利用好退税政策，获得产品定价话语权是外贸企业发展的核心，但是如果以非法的形式获得退税，不但企业无法持续经营，企业的相关责任人也会受到法律的制裁。

诊断人员在对某外贸进出口公司开展税收诊断，关注到该公司的办公场区近数万平方米，其中有3 000平方米的仓库。该公司仅在2023年就申请出口退税将近1 000万元。

诊断人员在盘点仓库时，发现其中有一个仓库的货架存放大量皮包，每种款式的数量都不太多。经过询问，这个仓库存放的都是样品，价值近千万元。但是诊断人员在财务的账面存货中，却没有发现这些皮包。诊断人员通过仓库人员、设计部门和销售人员的介绍，将整个业务流程整理出来，终于发现了该企业存在的重大税收风险隐患。

该企业的经营模式是销售人员先与国外客户确定皮包的基本款式，再由设计部门进行面料的选取、打样、设计。客户满意后，再委托生产企业按样品进行生产，而生产出来的货物再由外贸公司购买后出口给国外的客户。

而这一仓库的皮包，正是委托生产企业生产时，生产企业多给的样品。根据出库单显示，这些货品会通过外贸公司下设小店在国内销售，而由于买货的人大多不要发票，所以这部分样品的收入并未计提增值税，也未确认收入。而生产企业给外贸公司开的发票，数量是少于实际供货的数量，但是价款却是满额开具，全部形成了退税。

经过诊断人员的梳理，这些存货影响的增值税和企业所得税约为 300 万元，对此企业也接受了诊断人员的建议，进行补税申报。

废旧物资收购企业税收诊断

废旧物资收购企业由于没有抵扣额，而使用废旧物资作为原料的企业则需要开具增值税专用发票，这就造成该行业的税负率在各行业中名列前茅。如果有企业愿意承担税负，当地政府对这类纳税大户又有政策性补贴，那么这样的企业就存在替他人代开发票的风险。

某废旧物资回收公司因上年度收入突增，被税务机关预警。总经理担心企业存在税收隐患，对可能产生的后果无法控制，就委托专业的税务咨询公司开展税收诊断。

税务咨询公司成立诊断小组入驻废旧物资回收公司后，查看企业近三年财务报表和纳税申报表，关注收入增长的情况，并要求公司人员陪同对公司进行实地考察。

个人所得税的纳税申报表显示，企业任职人数不超过 30 人，而公司堆放废旧物资的场地规模并不大。由于主要从事的是废旧钢材、铁等金属资源的回收，按这个场地规模，诊断人员推算其吞吐量不会超过 1 亿元。但从企业的财务报表却发现近三年收入中，前两年将近 1 亿元，而最近的一年收入则高达 3 亿元。

这一年的收入金额无论是与企业的人员规模还是与场地规模都严重不匹配，企业解释有一部分废旧物资是收购后直接运往使用废旧物资的工厂，所以不需要拉回公司堆放，也会有一些废旧物资直接堆放在外租场地。

诊断人员查看了公司三年的账簿，并未发现公司有租赁场地的租金支出。于是准备抽查一些大客户名单，了解关于场地堆放的问题时，公司财务以不方便提供客户名单，为客户保密为由，拒绝提供。诊断人员提出查看资金流水，并提出自己的担心，最终财务人员承认确实存在为其他企业代开发票的情况。

诊断人员与企业负责人进行了深度沟通，对于这种代开发票的行为法律上如何判定，也向其展示了后果。企业负责人决定整改，消除隐患，合规企业行为，合法盈利。

第二节　服务行业税收风险诊断综合案例

服务行业最大的特点是以服务为盈利核心，所以支付给员工的薪酬、福利在企业成本中占有较大的比例。而支付给员工的各种开支均需要与个人所得税的申报相关联，所以个人所得税与企业所得税存在着较大的关联性。

人力资源企业的税收诊断

人力资源企业主要是为企业提供人才招聘、劳务派遣、劳务外包、管理咨询、培训等与人力资源相关的服务，其特点是成本构成以工资、社会保险金、福利费为主。

某人力资源公司接到税务预警通知。虽然财务人员反复强调公司并未有任何偷税漏税的问题，但总经理对预警的提示还是产生了很大顾虑，便与财务人员协商聘请专业税务师团队对公司开展全面的税收诊断。

专业税务师团队成立诊断小组进驻企业，首先关注了预警信息中的提示"公司销售收入与员工人数不匹配"。公司的销售收入约为 3 亿元，但是公司提供的正式员工的名单中，仅有 180 人左右。

诊断小组立刻调取个人所得税纳税申报表和社会保险金缴纳名单，实际显示的人员为 9 000 余人。财务人员解释说，这些人员是劳务派遣人员，虽然由公司代发工资代缴社会保险金，但并非公司正式员工。所以在企业所得税纳税申报表中，并未将劳务派遣人员的数量、工资数计入作为公司的正式员工申报。

诊断小组认为，虽然企业所得税申报中，派遣人员未纳入正式员工申报，但是税务系统可以查到个人所得税申报的人数，所以这个解释应该不是预警提示的内容。

诊断小组继续查看增值税纳税申报表，发现公司对外开具了近千万元的增值税专用发票。针对这部分发票，诊断人员索取了服务合同，逐一核对。通过分析，这些合同的内容并不是劳务派遣，其中部分属于劳务外包，部分属于业务外包。而这两种外包形式的税款计算与劳务派遣是完全不同的。

劳务外包和业务外包的人员都属于人力资源公司的员工，而这几份合同涉及的员工人数约为 300 人，这样人力资源公司的总人数就超过小型微利企业规定的300人的条件，那么人力资源公司享受了小型微利的税收优惠政策就不符合税法规定了。

另外，劳务外包满额开具增值税专用发票也是不符合规定的。显然，对于合同的分析，该人力资源公司的财务人员还是没能把握住，也导致企业存在税收风险。最终通过自查形式，企业做了补税处理，消除了税收隐患。

房产经纪企业的税收诊断

房产经纪企业是指以收取佣金为目的，为促成他人房地产交易而从事居间、代理等经纪业务的经济活动。佣金既可以向买房者收取，也可以向卖房者收取。房产经纪企业的人工成本占比非常高，变相列支人工成本是这个行业常见的不规范操作。

某房产经纪公司主要从事新房及二手房的代销业务，年收入在1亿元左右。税收诊断小组测算了该公司连续三年的数据，个人所得税纳税申报表显示的工资总额占总成本的比例分别为40%、39%、31%，各类发票支出占总成本的比例分别为43%、46%、55%。

诊断小组在与普通员工交流时得知，该公司大量业务人员的薪酬都是采用提成制，并且该公司只有一栋办公楼为自用，大部分都是租赁的房产。那么开票成本与工资总额，以及折旧费的占比总和仍然达不到100%，且工资总额持续走低，诊断小组判断，公司应该存在两个主要问题：一是说明个人所得税申报不实，存在变相发放的薪酬未申报个人所得税；二是以其他报销的形式承担了员工薪酬。

在接下来的审计中，诊断人员从公司的账上发现大量的油费、停车费、车辆保险费，最近一年该费用合计近800万元。而固定资产中只有两辆轿车和三辆中型客车。

财务人员解释，员工经常带客户看房，而单位的车辆有限，所以员工是将自己的车提供给公司使用，并且双方签订了租车合同，也约定了租金。诊断人员随即在账上确实找到了部分租车的租金。但是却无法提供关于私车公用如何报销费用的管理制度。

诊断人员根据油费、停车费上报销人员的签字进行了统计，发现有的员工一年报销了几十万元的油费，有的员工报销不到一万元的油费，这明显与实际情况不符。经过进一步与当事人核实，公司承认是用报销费用的方式支付员工的提成款。

诊断人员认为公车私用是符合科学管理企业的一种手段，但如果是虚假业务则企业要承担偷税漏税的责任。

租赁企业税收诊断

租赁企业的主要经营范围是对拥有的资产进行出租，但资产租赁企业往往在利用资产的过程中，会开展多种的经营模式。对于同时提供租赁服务和其他服务的，涉及的增值税税率就会有所不同，如果出现业务混同，应从高适用税率，否则会给企业带来税收风险。

汽车租赁作为新兴的交通运输服务业，是综合运输体系的重要组成部分。某租赁公司主要提供汽车租赁业务。在2023年，租赁公司聘请的税收诊断小组在开展诊断业务时，发现随着新消费群体的出现和用车需求的增加，汽车租赁的经营形式更加多样，业务模式更加多元。

诊断小组查看增值税纳税申报表时，发现从2022年11月起，公司除按13%的租赁收入计算增值税外，还有一部分收入是按9%计提的增值税，而且到2023年度，按9%计提增值税的业务越来越多，几乎占了公司一半以上的收入。

诊断小组成员与企业的负责人进行初步沟通后，了解到该企业是从2022年11月起，增加了配备驾驶人员的汽车租赁服务。企业负责人解释说，之前曾咨询过税务人员，如果提供的租赁服务是同时配备司机的，就可以按9%交通运输业来征税。

诊断小组强调配备驾驶人员的汽车租赁服务确实应该按9%（交通运输业）来征税，但在人员工资发放表中，增加的司机仅为两人。而且诊断小组在派车部门取得的出车记录登记表中，要求配备驾驶员的内容仅为30余条，这与几乎占了公司一半收入的配备驾驶员的纳税申报情况明显不符。

财务人员解释说派车部门的出车记录不完整，不能以此为准，但又无法提供配备驾驶员出车的相关记录。诊断人员再次提醒，如果无法提供佐证，那么就会形成业务混同。

于是和财务人员解释汽车租赁的两种形式，适用的增值税税率存在差异，这就要求企业必须严格区分核算。如果无法分清，需要从高适用税率，而目前企业的这种做法显然无法向税务机关解释清楚，那么就会给企业带来税收风险。

第三节　流通流转行业税收风险诊断综合案例

货物运输、物流园与物业企业都属于流通流转行业，在税收管理中也是比较有代表性的。本节将从这三类企业中选择案例介绍如何针对行业特点开展税收诊断工作。

货物运输企业税收诊断

货物运输企业的管理核心是对货车司机和车辆的管理。从税收角度看，挂靠在货物运输公司的车辆形成的收入是否均计入公司收入，或者挂靠车辆的费用是否与收入匹配是税收诊断的重点。

诊断小组对某交通运输集团公司下设的货物运输公司开展税收诊断工作。诊断小组对企业财务人员提供了财务报表、纳税申报表、企业的账簿、会计凭证等相关财务资料，进行了详细的审查。

基于对行业特点的了解，诊断小组认为空车返回中途私运货物和车辆挂靠是货物运输公司较为常见的，便将此作为审查重点来展开工作。诊断小组了解到该公司主要从事货物运输，按照客户要求运送货物，经营业务单一，业务模式简单。

诊断小组通过近三年平均油耗、油耗收入比等指标的测算与分析，发现各项指标存在异常波动。随后诊断小组开始抽查关键车辆的情况，并在原始凭证中的过路费发票中发现，发票上注明的车牌号与企业自有车辆车牌不匹配。过路费中显示一些车牌并非公司的自有车辆。

财务人员的解释是只要领导签字就给予报销，并未详细查看过车辆牌号的问题。在诊断人员一再的追问下，总经理承认有8辆运输车挂靠在公司，挂靠收入并未入账，但挂账车辆的油费与过路等费用都计入公司车辆使用成本中。

经过汇总，公司在三年间共少计收入100余万元，多计成本200余万元。

物流园企业税收诊断

物流园企业的主要经营包括对物流园的物业管理，出租市场场所、场地（摊位）和设施，货物搬运装卸服务，货运代理，仓储服务等，不同税率的业务混杂在一起，非常容易出现税目、税率执行错误的情况，给企业造成税收风险。

2024年初，某物流园公司开展税收诊断工作，诊断人员索要了公司2023年的财务报表、纳税申报表，账簿和会计凭证等相关资料，并根据公司的房产证和土地使用证等证书，与对外租赁的合同进行核对。

核对过程中，诊断人员发现其中有十几份合同的内容均有共同管理仓库的字样。合同中约定，仓库租赁使用时，门锁是双控设置，承租方与物流园公司均持有钥匙，必须符合条件，双方才能开门提货。同时物流园公司必须提供仓库内的卫生、保安等一系列工作。

诊断人员认为合同标题虽然写的是租赁协议，但物流园公司提供的应为仓储服务。而公司计提增值税与房产税，均以出租房产来进行的。仓储服务的增值税率为6%，而房产租赁的增值税率为9%，并且仓库服务的城镇土地使用税可以减半征收。如果确定该业务为仓储业务，则企业每年多缴税款近20万元。

诊断人员为进一步确保判断的准确性，又对这一部分的仓库进行了实地考察。无论是仓库管理人员，还是销售部门的答复，都让诊断人员确信这十几份合同的税收处理存在问题。

物业企业税收诊断

物业企业的客户大多是居民百姓，其特点就是收入无须开具发票，收款的时间也不确定，有的是年初收，有的是年末收，有的是住了几年后才收。如果对物业公司的服务不满意，或者长期不住，都有可能形成收不到物业费的情况。而物业公司对于没有收到的物业费也是采取了收付实现制的方式，没收到就不确认收入。

某房地产集团投资的从事物业的全资子公司频繁更换财务负责人，为了降低企业的税收风险，遂聘请专业的税收诊断团队，对其开展税收诊断业务。

诊断人员提前了解到该物业公司的主要服务对象是房地产集团自行开发的住宅小区、商业城。入驻企业后，诊断人员就向财务人员索取了近三年财务报表、纳税申报表、账簿等财务资料。

诊断人员关注到物业公司的资产负债表中的应收账款为零，初步判断物业公司可能存在未收回的物业费未按权责发生制确认收入，便向业务管理部门索取业主收费登记台账。

物业台账中清楚地记载了不同楼号每层业主的物业费缴纳情况，该物业公司按年收取物业费，年底的时候一次性缴纳。根据台账的记录，2023年确实存在一些未按规定在2023年底前缴纳的业主，但公司的应收账款中并未计入该部分物业费。

物业公司的这种行为违反了企业所得税对于收入确认时点的规定，给企业带来一定的税收风险隐患。经过反复斟酌，物业公司负责人决定将少交的税款补齐，对于未及时缴纳物业费的也采用诉讼等方式及时收回物业款项，减少公司损失。

第十六章　房地产与建筑装修行业案例分析

房地产行业是以土地和建筑物为经营对象，从事房地产开发、建设、经营、管理，以及维修、装饰和服务的集多种经济活动于一体的综合性产业。

建筑装修行业则是房地产企业的配套企业，两者之间存在一定的关联性，同时，建筑行业服务的范围更广，一些城市建设、铁路、公路等基础设施也需要建筑企业建设。本章将重点介绍这两大行业的税收诊断案例。

第一节　房地产行业税收诊断综合案例

房地产行业涉及的税种包括增值税、城市维护建设税、房产税、城镇土地使用税、企业所得税、个人所得税、契税、耕地占用税、土地增值税、印花税。购买车辆的还会涉及车船税、车辆购置税；进口装修材料还会涉及关税。房地产企业也成为涉及税收种类最多的行业之一。

房产完工时点税收诊断

房产建设的周期一般都会超过一年，而房产销售又可以采用提前预售制，但并非收到款就要确认销售收入。在计算企业所得税时，房地产企业有一个专属名词就是"完工时点"，当房产达到"完工时点"才需要确认销售收入，因此把握好这个时点对企业所得税计算有重要意义。

某房地产公司主要开展的是别墅项目，此项目2022年年初投入建设，2022年年末取得预售许可证，开始预售，预计2024年年末交付。

在2024年税收诊断时，诊断小组看到财务报表显示预售收款已达2亿元，便索取了售房合同与入账金额进行核对。在核对过程中，诊断小组张组长发现售房合同列明的交房时间为2023年12月31日，这引起张组长的质疑。

张组长找来销售负责人了解交房时间为何定在2023年12月31日，并且询问这个时间有没有与财务部门进行过协商。销售负责人说这是多次召开办公会时确定的，财务人员一般都不参加。

张组长又向工程部门进行了解。工程负责人解释说，该项目争取在2023年12月31日前完成全部施工，绿化等配套也能完成，但是综合验收完不成。另外，工程结算也需要时间，2024年完成全部结算就算是非常快的。

张组长立刻与公司总经理进行沟通。企业所得税是以完工时点确认收入结转时点，而交房就代表着达到了税法中规定"完工时点"。这意味着在2023年公司就要将所有的预收账款结转为销售收入，但由于工程结算最快于2024年完成，才能取得成本发票。在成本不全，收入全部确认的情况下，2023年就会形成企业应纳税所得额的虚增。

张组长提示总经理，如果交房的时间改为2024年1月1日，比之前的2023年12月31日晚了一天，但确认收入的年度却推迟了一年。不仅给公司足够取得成本发票的时间，而且也不会造成2023年度企业所得税的虚高。总经理欣然接受了建议，并表示立刻与业主取得联系，签订补充合同，将交房时点延后一天。

精装房项目税收诊断

商品房销售对象为异地购房者时，房地产企业往往会对商品房进行精装后再销售，既方便业主购买后即可拎包入住，又避免装修造成邻里纠纷。但对于装修形成的成本与收入，是否属于房产成本与销售收入，则需要做好安排，否则就会引发税收风险。

某房地产集团公司对旗下所有项目公司进行税收诊断业务，聘请永然税务师事务所的马部长担任此次的税收诊断负责人。在对子公司进行诊断时，马部长为了了解项目公司的楼盘销售情况，直接到楼盘的售楼处索取销售情况表。

在售楼处，售楼处的员工向马部长介绍，装修项目付款有两种形式：一种是业主将装修款计入到房价中，房价虽然高了，但是按揭贷款时的额度也高了，有利于业主筹资；另外一种是业主选定好装修风格后，直接与装修公司签订装修合同。

诊断小组根据了解到的情况，审查了账面核算数据，发现房地产公司的材料中出现房间装修装饰使用的材料约 2 445 万元，但却没有发现支付装修公司的款项。

在销售明细账中，包含了装修的房款高于平均售价合计约 1 120 万元，明显偏低。经过诊断小组的再三追问，公司的相关人员承认，那些由业主直接与装修公司签订装修合同的，所有的装修款并未付给装修公司。

装修款实质是项目公司在控制并统一与装修公司结算。由于大部分装修材料都是由房地产公司购买，很多业主不需要装修公司开具发票，所以项目公司仅有一小部分装修款支付给了装修公司。

马主任提醒项目公司，收入计在账外，成本计入账内，很容易通过数据测算查出问题。另外，如果装修收入和成本都计入项目公司，那么未来进行土地增值税汇算清缴时，装修费用可以计入房地产的开发成本中，作为土地增值税的扣除项目进行加计扣除。

房产销售的税收诊断

与其他商品不同，房地产项目销售完成后，还要对整个项目进行土地增值税的汇算清缴工作。土地增值税看似是对收入减去成本后的增值额进行征税，但其与增值税和企业所得税又有着本质的不同，收入与可扣除项目都有单独的规定。

某房地产公司 2021 年开发了皇家庭院别墅项目。2023 年聘请的诊断小组对企业开展税收诊断工作。诊断小组了解到该项目还在建设期，但销售已经过半，经过综合评估，决定把销售环节作为本次诊断的重点。

诊断小组关注到，房地产公司外聘的销售团队是当地一家比较有实力的房地产经纪公司。该经纪公司在项目的推广上很有经验。他们经过调研，认为有能力购买别墅的人群，大多都会饲养宠物。为投其所好，经纪公司组织了三场大型宠物展、宠物赛事和宠物节。

宠物赛事的规模很大，参加比赛的有上千只宠物选手。此项赛事还得到当地政府的大力支持，承诺年年举办宠物节。而此次推广活动就预售了十几套别墅。

诊断小组查看了房地产公司与经纪公司签订的合同。合同中约定房地产公司并按销售额计提 8% 的佣金，但佣金保底额为 300 万元，主要用作房地产经纪公司为销售开展的营销活动。截至 2022 年底，房地产经纪公司已经取得房地产公司支付的佣金款500余万元,均开具了佣金发票。

诊断小组在诊断报告中提示,企业所得税税前列支的佣金不得超过合同金额的5%,而销售合同中的佣金计提比例为5%,明显需要进行纳税调增。但是组织宠物展、宠物赛事和宠物节正是为了宣传房地产公司的别墅项目,并非单纯的佣金支出。而且保底的规定也证明了其广告宣传的性质,与销售房产无必然联系。

所以300万元实质应为广告和业务宣传费,除此之外与销售相关的金额才为佣金支出,那么实际的佣金支出达不到8%。但由于合同中没有区分广告和业务宣传费与佣金,导致企业本应可以税前扣除的项目,无法税前扣除,造成了税收损失。

第二节 建筑装修行业税收诊断综合案例

混凝土、建筑安装和装修装饰企业都是以房地产或各类建筑物为服务对象,从税收角度看都有各自独特的行业特点,在税收管理中比较有代表性。本节将从这三类企业中选择典型案例介绍如何针对行业特点开展税收诊断工作。

混凝土企业的税收诊断

混凝土企业将搅拌完成的混凝土运到建筑工地,或者混凝土为主要原料生产的混凝土预制件的企业,应属于工业制造业。但由于其客户主要是建筑或者房地产企业,因此将混凝土公司的税收诊断案例在本节中介绍。

某集团公司下设子公司,包括房地产公司、建筑公司、混凝土公司、物业公司等。税务诊断小组在对混凝土公司进行诊断前,就已经通过集团了解到混凝土公司全部业务都是为集团下设的房地产公司做配套。

诊断人员通过查看混凝土公司上报的最近三年的财务报表、纳税申报表等相关资料,并通过对比三年的混凝土产量、水泥等主要材料的采购情况等相关数据进行分析,发现该企业的投入产出比呈现逐年递减的现象。

诊断人员进一步索取了公司三年的用电量、混凝土搅拌台的生产数据,梳理了公司的搅拌台产品企业用户和个人用户情况,同比核对材料耗用和产量等数据,初步怀疑公司存在未确认收入的情况。

诊断人员为巩固数据分析，将初步判断转换成证据。诊断人员拷贝公司的销售明细账数据，并突击盘点了现金，通过人民银行提供的银行开户信息，查出企业账外的一个银行专户和以会计个人名义开设的银行卡一张。

经过总经理的确认，公司将部分混凝土产品销售给集团之外的房地产公司，未申报收入。历时一个多月的税收诊断，诊断人员查明公司共计少确认收入2.3亿元。

建筑安装企业的税收诊断

自2016年营业税变更为增值税后，税款的计算就变得复杂了。财务人员不仅需要分清新旧项目，还要区分符合简易计税和一般计税的项目差异。而且了解税收知识不仅仅是财务人员的事情，企业的负责人、销售人员都需要对此有所了解，以便于在与甲方的谈判中获取原始单据时能符合税法的规定。

某集团公司聘请专业团队去下属子公司开展税收诊断工作。诊断小组在对旗下建筑公司进行诊断时，关注到建筑公司在2023年共承揽了四十三个工程项目。

诊断小组根据签订的合同，以增值税的归类标准对所有的项目进行了分类。其中有三个较大的工程，均为甲供材项目；八个工程为材料与人工大包的项目；其余三十二个项目为清包工项目。

在财务核算的工程施工中，诊断小组发现，企业仅对七个较大的项目进行了独立核算。而其他项目都并入到"工程施工——其他项目"中进行核算。诊断小组认为企业采用这样的核算方法，会对管理造成不良影响。

为打消诊断小组的顾虑，证明企业管理的规范性，工程部门提了工程项目台账。台账清晰地记录了每一个项目的人工、主材、辅材、机械设备等情况。经过审查，工程台账与财务账的汇总数据无法核对一致，也就是无法保证工程台账的数据是真实有效的。

经过近一个月的数据整理，诊断小组向建筑公司的总经理提交了初步的诊断报告。报告中提出，虽然甲供材和清包工项目可以采取简易计税法计算增值税，但由于财务账无法核算清晰，造成已经采用简易计税方法交税的项目大部分不符合简易计税条件，需要补税约300万元。

如果继续享受简易计税，则需要财务人员与工程部门的人员通力合作，将财务账与工程台账——核对清晰，确保每个项目的核算准确无误，属于简易计税项目的材料取得增值税发票不得计入一般计税项目成本。

装修装饰企业的税收诊断

装修装饰企业的客户有很大一部分是自然人，这就存在销售收入无须开票的情况。由于采购可以获得大量的成本发票，因此导致成本倒挂而引发税收风险。

某建筑集团对其下属的装修公司开展2023年的税收诊断业务。诊断人员索取公司三年的纳税申报数据，发现该企业在2021年销售额789.21万元，销项税额为71.03万元，进项税额126.23万元；2022年销售额831.38万元，销项税额74.82万元，进项税额62.27万元。企业所得税申报方面，连续三年亏损：2020年亏损138.20万元，2021年亏损24.37万元，2022年亏损40.77万元。

由于诊断小组提前了解到装修公司有很大一部分业务是为集团公司旗下的房地产公司配套，所以业务一直处于饱和状态。实际经营情况与纳税申报表明显不符。

诊断人员详细查看了成本支出，并对增值税进项税额发票的开票方进行了统计，发现这三年仅支付给北京某装饰工程公司的款项就达到1 600万元，并对取得对方开具的86份增值税专用发票进行抵扣。这显然是一个分包业务，但账面却未发现装修收入与其对应。

诊断小组又索取本集团下属装修公司与集团旗下其他房地产公司签订的合同，发现其中一份合同显示：该房地产公司销售的精装房，但装修部分是由业主在指定的10套图纸中选择好式样后，由装修公司与业主签订合同进行装修，并且装修款也是由业主直接拨付给装修公司。

诊断小组随即在其他应付款中找到装修公司向186个自然人收取的借款，共计4 000余万元。经过确认，这4 000余万元正是这186个业主支付的装修款，全部未确认收入。这些装修工程全部转包给了北京某装饰工程公司。至此，增值税倒挂，以及长期亏损的原因全部找到。而这种行为也给企业带来巨大的税收风险。